Inhalt

Häuptling Büffelkind Langspeer

Materialien

Lesehefte für den Literaturunterricht

In erster Folge herausgegeben von:
Klaus Göbel und Wolfgang Schemme
in Verbindung mit
Dagmar Grenz, Reiner Friedrichs und Rainer Siegle

Häuptling Büffelkind Langspeer erzählt sein Leben

mit Materialien
zusammengestellt von Rainer Siegle
und Karin Steiert

Ernst Klett Verlag

[...] bezeichnen Kürzungen innerhalb der Kapitel
* Von den Bearbeitern eingesetzte Überschriften

Der Lehrerkommentar hierzu ist in Klettbuch-Nummer 261354 enthalten.

ISBN 3-12-260660-7

1. Auflage 1 10 9 8 7 6 | 1992 91 90 89 88

Alle Drucke dieser Auflage können im Unterricht nebeneinander verwendet werden, sie sind untereinander unverändert. Die letzte Zahl bezeichnet das Jahr dieses Druckes.
Gekürzter Textabdruck aus: Häuptling Büffelkind Langspeer erzählt sein Leben (Deutsche Übersetzung von Dr. Hans Rudolf Rieder), © Paul List Verlag, München 1958.

Umschlag: Manfred Muraro.
Satz: Karl Lihs, Ludwigsburg.
Druck: W. Röck, Weinsberg.

Zur Einführung

[. . .] Mit diesem Buche tritt ein wirklicher Indianer vor uns. Es ist kein Roman und keine romantische Erfindung, sondern eine lebendige Darstellung des vielfarbigen Indianerlebens von der Geburt im Tipi bis zum Singen des Sterbeliedes und von den Tagen des freien Umherstreifens auf der endlosen Prärie bis zum letzten hoffnungslosen Kampf gegen den weißen Eindringling. Wir erleben das Heranwachsen eines Knaben im Zeltdorf, die Spiele, Jagden, Kämpfe, die geheimnisvollen religiösen Feiern – dann die Verwirrung und Zersetzung, die der Weiße in dieses Dasein bringt, bis schließlich der Knabe, der zum Krieger erzogen wurde, in der Missionsschule schreiben und graben lernt.

Wenn dabei manches anders aussieht, als wir es bisher aus unseren „Indianerbüchern" kannten, so steht zu bedenken, daß die Wirklichkeit stets reicher und wertvoller als die Schöpfungen der Phantasie ist. Die vielfach ausgeschlachtete „Grausamkeit" des Indianers wird z. B. hier etwas anderes als in der überhitzten Phantasie unsrer Schriftsteller: Den Sonnentanz mit all seinen furchtbaren Qualen empfindet der Indianer nicht als Befriedigung einer Quälfreude. Und unsere Knaben mögen lernen, auf richtige Weise Indianer-Kriegsspiele zu treiben. – Wir müssen dem Erzähler auch zugute halten, daß er seine Einstellung zur Geisteswelt des Weißen vom Anglo-Amerikaner erhielt und daß er in der Auswahl und der Art seiner Darstellung sich vielfach dem Amerikaner anpaßte. Darum ist wohl etwas mehr Sportgeist in die Schilderungen geraten, als der Indianer von sich aus hätte. [. . .]

Dr. Hans Rudolf Rieder

Vorwort

Die Indianer, von deren Schicksalen ich in diesem Buch erzähle, waren die letzten Stämme, die die Berührung mit den Weißen erfuhren. Das Gebiet ist das des fernen Nordwestens: das nördliche Montana, Alberta, Saskatchewan und Britisch-Kolumbien. Bis zum Jahre 1905 kannte man Alberta und Saskatchewan als „Die nordwestlichen Territorien“, eine ungezähmte Wildnis, in der sich kaum fünfzig Jahre vorher noch kein weißer Ansiedler festgesetzt hatte. Die Indianer dieser gewaltigen Ausdehnung von hochgelegenen, weit dahinrollenden Ebenen können sich noch an das allererste Zusammentreffen mit dem weißen Manne erinnern. Bis dahin waren sie – ein ruheloses, kriegerisches Wandervolk – ewig kämpfend umhergestreift: vom Missourifluß in Montana zwölfhundert Kilometer nordwärts in das Gebiet des Peaceflusses (Friedensfluß) und vom Felsengebirge ostwärts in das heutige Manitoba.

Beherrscht wurde dies wilde Reich vom Stamme der Schwarzfuß-Indianer, bekannt als die „Tiger der Ebene“. Nach den Bestimmungen des letzten „Vertrags des Nordwestens“ teilten sie sich für immer in zwei Hauptgruppen; die eine Hälfte lebt jetzt in den Vereinigten Staaten, die andere im westlichen Kanada – in Montana und in Alberta. Die vier früheren Zweige des einen großen Stammes der mächtigen Schwarzfuß-Indianer werden jetzt von den Weißen fälschlich als vier verschiedene Stämme bezeichnet. Es sind die Blut-Indianer, die bei Cardston in Alberta leben; die südlichen Pigane (die amerikanischen Schwarzfuß-Indianer) bei Browning und Gletscher-Park in Montana; die nördlichen Pigane bei Brockett in Alberta; und die Schwarzfüße bei Gleichen in Alberta. Ihre schlimmsten Feinde waren die Sioux, die Krie, die Assiniboine, die Krähen und die Kutenai; mit all denen lebten sie bis zum Kommen der Weißen in ständigem Kriege.

Diese drangvolle Zeitspanne, die aus den alten Stammeskämpfen in das Kommen der neuen, weißen Rasse hinüberführte, bildet vielleicht den farbenreichsten

Abschnitt in der Geschichte des nordamerikanischen Indianers. Und von den Geschehnissen aus dieser Zeit berichte ich, von den Erlebnissen unserer alten Krieger, die zwar selbst noch leben, aber ihre eigenen Geschichten nicht erzählen können, weil sie die Sprache des weißen Mannes nicht beherrschen.

Zwei Bekenntnisse möchte ich vorausschicken: Die Königliche Berittene Schutzmannschaft des Nordwestens ist der beste Freund, Bruder und Beschützer des Indianers gewesen. Während der ganzen Zeit des Nebeneinanderlebens gab es nur zweimal Zusammenstöße zwischen ihr und meinem Volke – und die betrafen nur einzelne Indianer; den einen dieser Kämpfe gebe ich in den folgenden Blättern wieder. Und dann dies: Die Krähen-Indianer waren die edelsten Feinde, mit denen die Schwarzfüße zu kämpfen hatten – die Krähen und die Sioux.

Zum Schreiben dieses Buches drängten mich meine Freunde aus dem Nordwesten, seit ich vom Weltkrieg zurückkehrte. Sie und meine Verleger suchten mich zu überzeugen, daß es eine bedeutsame Aufzeichnung werden würde. Hier ist sie also.

Büffelkind Langspeer

Schutzgebiet der Blut-Indianer,
Cardston, Alberta, den 1. Juli 1928

Erste Erinnerungen

Das erste Ereignis meines Lebens, an das ich mich erinnere, fällt in das Nachspiel eines Indianerkampfes im nördlichen Montana. Meine Mutter lief weinend hin und her, ich hing in meinem moosgefütterten Tragsack auf ihrem Rücken. Ich erinnere mich an das Bild, als hätte ich es gestern gesehen – und war doch damals kaum ein Jahr alt. Frauen und Pferde überall, zwei Frauen werden deutlich: meine Mutter und meine Tante.

Meiner Mutter blutete die Hand. Sie weinte. Sie reichte mich der Tante hin, sprang auf ein Pferd und ritt davon. Mein Säuglingsverstand sagte mir, daß etwas Erschütterndes vor sich gehe, und obwohl Indianerkinder selten weinen, weinte ich der Mutter nach, als sie so davonlief und mich verließ. Mir war, als sollte ich sie nie wiedersehen.

Dies Bild hinterließ solch einen aufregenden Eindruck, daß es während all der Jahre meines Heranwachsens immer von neuem in mir auftauchte. Ich grübelte oft, was es wohl sein möchte, und wann ich solch ein seltsames Schauspiel gesehen haben könnte – oder ob ich es überhaupt je gesehen hätte, ob es nicht nur ein Traumbild wäre.

Eines Tages, nachdem ich schon ins Knabenalter gewachsen war, fragte ich meine Tante danach. Ich beschrieb ihr den Vorgang und gab genau an, wo sie und wo das Pferd gestanden hatten, wo meine Mutter gewesen war und wie sie mich hingereicht hatte. Ich gab ihr ein Wortbild des ganzen Vorganges, wie er sich so unauslöschlich meiner Erinnerung eingeprägt hatte. Während ich sprach, bemerkte ich, daß die Züge meiner Tante allmählich einen Ausdruck des Erstaunens annahmen. Als ich fertig erzählt hatte, schaute sie mich ganz verwundert an und rief:

„Daran erinnerst du dich? Du warst damals nur vierzehn Monate alt. Es geschah, als dein Onkel Eisenmantel in einem Kampf mit den Krähen umkam; deine Mutter hatte sich nach der alten Sitte zum Zeichen der Trauer einen Finger abgehackt."

Nach diesem ungewöhnlich frühen Erwachen meines Bewußtseins fiel ich wieder in den dunklen Schlaf des Säuglingsalters; bis zu meinem vierten Jahre erinnere ich mich an nichts mehr. Da erwachte ich eines Tages mitten in der Luft. Ich fiel nämlich gerade von einem Pferde herab. Daß ich auf dem Rücken des Pferdes gesessen hatte, davon weiß ich nichts; aber ich erinnere mich, durch die Luft zu stürzen, auf der Erde aufzuschlagen und dort auf dem Rücken zu liegen, voll Verwunderung nach dem scheckigen Bauche des schwarz und weißen Pferdes hinaufschauend, das über mir stand. Dann griffen mich die starken Arme meines Bruders und hoben mich wieder auf das Pferd; dabei sagte er zu mir mit strenger Stimme:

„So! Nun bleibst du aber da! Du bist vier Jahre alt; wenn du jetzt noch nicht auf einem Pferde reiten kannst, ziehen wir dir Mädchenkleider an und lassen dich eine Frau werden."

Seit diesem Tag erinnere ich mich deutlich an alles. Ich weiß noch, wie wir damals über die Prärie zogen, von einem Lager zum andern. Wenn ich heute die Augen schließe und die Erinnerung zurückfluten lasse in jenes frühe Wanderleben – ein Leben, das auf immer aus Nordamerika verschwunden ist –, so erscheint mir als allererstes eine Farbe, ein ruhiges, tiefbläuliches Grau. Das war die Farbe meiner frühen Welt. Alles was ich sah, war überzogen von diesem ungreifbaren graublauen Ton. Er bedeutete: die Gefahr, das Geheimnisvolle, die Ferne. Wir hatten noch nicht vollen Frieden geschlossen mit unseren alten Feinden, den Krähen, den Assiniboine, den Sioux, den Krie; und an den Lagerfeuern wurde von einer neuen Bedrohung geflüstert, die vielleicht unser Schicksal werden sollte – dem weißen Manne. Gefahr umlauerte uns auf allen Seiten, sogar in den Tieren, bei denen wir unsere Nahrung suchten.

Alles war von Geheimnissen durchflutet. Außer den natürlichen Rätseln, die zur frühen Jugend gehören, hatten wir noch in den dunklen Rätseln des indianischen Kults und Glaubens zu tasten. Unsere Väter selbst standen vor einem großen Rätsel, das sie nicht zu lösen vermochten –

wie das Kommen des weißen Mannes unsere Zukunft gestalten sollte.

Dann war noch jenes große Geheimnis der Ferne, das uns Knaben beständig lockte. Über die flache Wölbung unserer Ebenen sahen wir, soweit das menschliche Auge reichte – und dachten dennoch immer, was wohl jenseits läge. Wir hörten: Es gäbe „große Wasser", größer sogar als unsere Prärien; daß Tausende von weißen Menschen in einer anderen Welt jenseits dieser großen Wasser lebten, wo gar keine Indianer wären; daß sie in „großen Häusern", die wie Fische das Wasser durchschwammen, umherreisten; und auch, daß sie ein „langes Haus" besäßen, das Feuer und Rauch ausspie und über die Erde dahinlief, schneller, als ein Büffel zu laufen vermag. Solche Dinge erfuhren wir als Legenden von anderen Stämmen. Sie erzählten uns sogar von „schwarzen weißen Männern", die unter der Sonne lebten, dort wo sie sich ausruht, wenn sie unter den Sehkreis steigt, und wo die Menschen „verbrannt" würden, bis sie schwarz seien.

Unter all diesen Rätseln führten wir ein Leben voll von Ungewißheiten, immer auf dem Zuge, von einem Lager zum anderen umherwandernd. Es kam vor, daß wir im Tipi Feuer machten und uns dann mit den Decken ins Freie, auf die offene Prärie, legten, damit wir nicht etwa im Schlafe umgebracht würden.

Und gehungert haben wir auch manchmal. Wir konnten wenig für den Winter beiseitelegen, weil der Büffel immer seltener wurde und wir beständig weiterzogen. Es ist schlimm zu hungern. Ich erinnere mich, einmal so hungrig gewesen zu sein, daß wir Knaben uns zusammentaten, in die Tipis unserer Mütter schlichen und die wildledernen Beutel, in denen sonst das Fleisch getragen wurde, nahmen, sie am Feuer rösteten und aßen. Das war im „Jahr des großen Schnees", als wir alle dem Hungertode nahe kamen. Unsere Väter streiften über die Prärie und suchten Büffelköpfe, die bei den Herbstjagden liegengeblieben und nun hart gefroren waren; mit Beilen hackten sie die Haut von dem oberen Teil dieser Köpfe und kochten sie zum Essen. Endlich stießen wir auf eine Herde Bergschafe, die der tiefe Schnee herab in die Vorberge getrieben hatte; wir töteten die ganze Herde und verzehrten sie an Ort und Stelle. Wir aßen so viel, daß wir wie betrunken umhertaumelten.

Im Winter zogen wir wenig von Ort zu Ort, der Schnee lag zu tief. Wir suchten uns einen guten Windschutz in der Talsohle einer tiefen Präriewelle, bauten unser Lager und überdeckten die Büffelhaut-Tipis mit Baumrinde, um sie vor dem Blick von Umherstreichern und Feinden zu verbergen. Dort blieben wir, solange der Schnee wehte. Während der langen, finsteren Winterabende sangen wir am Lagerfeuer im großen Versammlungszelt; das half uns die schwere Zeit ertragen.

Immer, winters wie sommers, beobachteten wir genau das Verhalten von Tieren und Vögeln. Wenn die Antilope und der Büffel ruhig grasten, wußten wir, daß alles gut war. Aber wenn die Vögel oder die andern Tiere in ihren Bewegungen oder Rufen Erregung zeigten, so wußten wir, daß irgend etwas Fremdes umherstrich; wir schickten dann Kundschafter aus, um das Lager zu sichern. Die Indianer griffen immer kurz vor Tag an, wenn der Geist weitab ist und sich nur langsam zu sammeln vermag. Darum verließen jeden Morgen vor der Dämmerung zwei unserer Späher das Lager, bestiegen die höchste Erhebung der Umgegend und lagen dort bis Tagesanbruch. Sie überblickten sorgfältig das ganze Gebiet, um zu sehen, ob irgendein Feind auf unserem Pfad läge oder einen Überfall vorbereitete.

Während der langen Winter in den hohen nördlichen Breiten, wo die Tage nur wenige kurze Stunden dauerten, verwendeten unsere Mütter einen großen Teil jedes Tages dazu, uns Kinder in Sitte und Brauch des Indianers zu unterrichten. Wie der weiße Knabe erhielten auch wir unsere Schulung hauptsächlich im Winter. Die Mütter belehrten uns täglich etwa zwei Stunden lang im richtigen Gebrauch der Stammessprache. Dies – ein fehlerloses und gewandtes Beherrschen der Sprache – ist ungemein wichtig für den Indianer, denn seine gesellschaftliche Stellung in späteren Jahren hängt davon ab. Ein Indianer, der ins

Mannesalter wüchse, ohne seine Sprache mit peinlicher Genauigkeit gelernt zu haben, würde sich zu einem Rechtlosen im Stamme erniedrigen; nie dürfte er öffentlich reden, denn seine Sprachfehler könnten an andere – besonders an Kinder – weitergegeben werden und so die Stammessprache verderben. Darum mußten, weil wir weder Bücher noch eine geschriebene Sprache besaßen, unsere Mütter uns stundenlang die alten Formen und Regeln unserer Stammessprache einlernen; und das war gar nicht leicht – es gab neun Abwandlungen der Zeitwörter, vier Geschlechter und achtzig verschiedene Formen.

Die Väter überwachten unsere körperliche Ausbildung, die sehr streng war. Den Hauptzweck suchten sie darin, uns abzuhärten und uns die Fähigkeit zu geben, jeden Schmerz zu ertragen. Der einzige Beruf des Indianers war der des Kriegers und Jägers. Darum galt, abgesehen von dem Unterricht in Sprache und Sitte, unsere ganze Ausbildung nur dem einen Ziel, uns zu guten und furchtlosen Kriegern zu machen.

Um unsere Körper zu stählen, peitschten in jeder Familie die Väter ihre Knaben, sobald sie morgens aufwachten. Nachdem sie uns gehörig geschlagen hatten, gaben sie uns die Fichtenzweige und hießen uns an den Fluß gehen und im kalten Wasser schwimmen. Im Winter badeten wir im Schnee. Bei jedem Regen mußten wir uns ausziehen und zu einem Regenbad hinauslaufen. All dies galt der Abhärtung unseres Körpers.

Fern lag es uns, an solcher Behandlung Mißfallen zu finden – im Gegenteil, wir Buben zeigten die Striemen auf unserer Haut mit dem größten Stolz. Manchmal baten wir sogar um mehr Schläge. Wenn wir im Winterlager lebten, ersuchten wir unsere Väter, einen Prügelbarren für uns im großen Versammlungszelt zu errichten. Zwei Pfosten wurden in die Erde gelassen; über ihnen wurde ein Barren befestigt, ungefähr in der Höhe, die ein mittelgroßer Knabe zu erreichen vermochte. Dann, an besonders kalten Tagen, wenn wir unsere Spiele und Wettkämpfe im Freien nicht abhielten, kamen wir alle zusammen und baten unsere Väter um „die Peitschung der Tapferen“.

Während ringsum die Leute des Stammes zusahen, entblößten wir einer nach dem anderen den Rücken, traten heran an den Barren und ergriffen ihn. Dann begann der „Peitscher“, den unsere Väter dazu ausgesucht hatten, uns mit einem Bündel fester Fichtenzweige schwer zu schlagen. Man hielt das aus, solange es irgend ging, dann ließ man den Barren los; das war das Zeichen, daß man genug hatte, und der Peitscher hörte auf. Die besonders Tapferen unter uns hielten manchmal stand, bis der Peitscher seine Gerten gänzlich abgenutzt hatte. Er hörte dann von selbst auf und überreichte uns den Stummel, den wir aufbewahrten und mit großem Stolz zur Schau trugen, solange wir zu den Knaben gehörten.

Ich erinnere mich sehr deutlich an meine erste Bekanntschaft mit dem eisigen Morgenbad. Ich mag etwa fünf Jahre alt gewesen sein, da kam an einem kalten Morgen mein großer Bruder herüber an mein Schlafnest, zog mich aus dem Bettzeug und lief mit mir unter dem Arm hinunter an den Fluß. Ich strampelte, schrie und wand mich, um loszukommen. Es war sehr kalt, ich hatte keine Ahnung, was er mit mir vorhatte. Darüber sollte ich nicht lange im ungewissen bleiben. Wir erreichten das Flußufer, er schlug mit dem Fuße ein Loch in das dünne Eis und warf mich hinein – der Schreck nahm mir fast den Atem. Als er dann hinabgriff und mich herauszog, kämpfte ich heftig gegen ihn; aber er packte mich einfach unter den Arm und trug mich zurück ins Lager, als sei gar nichts geschehen.

Im warmen Tipi kam ich bald wieder zu Atem, und ich fragte ihn, warum er das getan habe; er antwortete, es sei ihm vom Vater befohlen worden. Ich ging zu meinem Vater und fragte, warum er dem Bruder befohlen habe, mir das anzutun. Der antwortete:

„Du wirst das von jetzt an jeden Morgen selbst tun müssen, außer du willst ein Mädchen sein – dann ziehen wir dir Mädchenkleider an.“ Ich beteuerte, kein Mädchen sein zu wollen, und er sprach: „Nun gut, dann werden wir einen Krieger aus dir machen.“

Das beglückte mich, ich widerstrebte also nicht mehr.

Bald lernte ich, mich an dem Morgenbad zu freuen, und ich habe bis zum heutigen Tage kaltes Wasser gern.

Als ich damals meinen Vater verließ, sagte er: „Höre. Wenn du mit deinem Bruder quitt werden willst für das, was er dir heute früh angetan hat, so gehe morgen vor Sonnenaufgang in sein Tipi – ich wecke dich schon. Er wird dort liegen und schlafen. Zieh ihm die Decke fort und leg ihm ein tüchtiges Stück Eis auf die Brust. Dann hast du deine Rache."

Ich tat, wie mein Vater mir gesagt hatte; mein Bruder erwachte mit einem Schrei, der das ganze Lager aufschreckte. Er ergriff mich, ehe ich aus dem Tipi entwischen konnte, und gab mir eine Tracht Prügel, die ich nie vergessen habe. Als ich meinem Vater erzählte, was geschehen war, lachte er laut, klopfte mir auf den Kopf und sagte:

„Das ist gut mein Sohn, nun weißt du, wie es tut, frühmorgens geprügelt zu werden; von jetzt an wirst du jeden Morgen geprügelt. Du wirst kein kleines Mädchen sein, das weint; du willst doch ein Krieger werden." Und so schien es auch.

Als ich etwa sechs Jahre alt war, begann ich an den rauheren Spielen meines älteren Bruders und der anderen Buben Freude zu finden. Ich erinnere mich an ein wunderliches Spiel, das wir an kalten, stürmischen Nachmittagen trieben, wenn wir das Tipi nicht verlassen konnten. Wir brannten einer den anderen um die Wette, wer es am längsten aushielte. Wir holten trockene Kiefernadeln und setzten uns im Kreis um das Tipi-Feuer. Dann entzündeten wir die Kiefernadeln und legten sie uns auf den Handrükken, um zu sehen, wer sie bis zu Asche verbrennen lassen konnte. Waren uns die Hände schon zu sehr verbrannt, so zogen wir manchmal das hirschlederne Hemd hinauf, ließen uns die Kiefernadeln auf den nackten Rücken legen und hielten auf diese Weise die Feuerprobe weiter. Wenn einer dabei den Schmerz nicht ertrug, wurde er von den anderen verhöhnt.

Zuzeiten nahmen wir die spitzen Knochennadeln, mit denen unsere Mütter die Häute nähten, und ritzten einander in die Beine, bis es blutete. Danach wuschen wir uns mit frischem Wasser. Die Väter sagten, das würde das schlechte Blut herauslassen und uns vor Krankheit schützen, es würde uns auch für die anstrengenden Spiele in den Sommermonaten Ausdauer geben.

Unsere sittliche Erziehung lag ganz in Händen der Mütter. Sie erzählten uns von dem großen Geist, und sie sagten, wenn wir älter wären, würde einer aus der Geisterwelt zu uns kommen, um unser Führer und Beschützer zu werden. Dieser würde uns unsere „Medizin“ – unsere Zauberkraft – geben, unser Zauberlied und unser Sterbelied; das Zauberlied sollten wir in jeder Gefahr oder Bedrängnis singen, das andere, wenn wir zum Sterben kämen.

Wir besaßen keine Bibel, wie sie die weißen Knaben haben; also gaben uns die Mütter durch Mythen Unterweisung im rechten Lebenswandel. Die Mythen erzählten, wie alle guten Dinge von Anfang an gut warten. Für alles besaßen wir eine Mythe – von der Pflege unserer Füße bis zu der „großen Schande“, der sich ein Lügner aussetzte. Manchen langen Winternachmittag saßen wir bei der Mutter, während sie aus Häuten Kleider anfertigte, und lauschten den zaubervollen Geschichten vom guten Lebenswandel, die sie aus den dunklen Tiefen unsrer Stammesgeschichte mitteilte.

Manchmal wendeten sich die Mythen ins Heitere, wie zum Beispiel die, die uns lehrte, unsere Füße zu pflegen. Diese Mythe erzählte: Ein Indianerkrieger wurde einmal von vielen Feinden verfolgt, als er plötzlich bemerkte, daß seine Geschwindigkeit nachließ. Im Weiterlaufen bat er seine Füße, sich doch schneller zu bewegen. Die Füße sagten, er möge den Kopf bitten; da setzte sich der Krieger hin, um seinen Füßen zuzureden. Er sprach: „Ich werde umkommen, wenn ihr mir nicht helft.“

Die Füße jedoch antworteten: „Sprich mit dem Kopfe. Du ölst den Kopf nach jedem Mahl und pflegst ihn liebevoll. Uns aber ölst du nie, du kümmerst dich gar nicht um uns.“ (Es war gebräuchlich, daß sich der Indianer nach jedem Mahl die fettigen Finger auf dem Kopfe abrieb.)

„Aber“, entgegnete der Krieger seinen Füßen, „wenn ich umgebracht werde, wird mein Skalp den Feinden beim Kriegstanz viel Freude bereiten; sie werden um ihn einen Tanz aufführen und ihm Ehre erweisen. Euch Füße wird niemand beachten; man wird euch abhacken und im Lager umherwerfen, die Hunde werden sich um euch balgen.“

Bei diesen Worten begannen die Füße von selbst auszuschlagen. Sie schlugen so tüchtig, daß sie den Krieger mit großer Geschwindigkeit vorwärts trugen und so seine Rettung bewirkten. Darum, so sagten unsere Mütter, ermahnen seitdem die alten Leute die jungen, ihre Füße gut zu pflegen – sie jeden Abend zu reiben und zu ölen, sie ans Feuer zu halten und geschmeidig zu machen, wenn sie müde sind.

Jeder Indianer hat sechs bis zehn Wolfshunde im Lager. Um uns anzuleiten, gut zu den Hunden zu sein, erzählten unsere Mütter die folgende Mythe:

Einmal verließ ein Krieger mit seiner Familie das Hauptlager des Stammes, um für längere Zeit auf die Jagd zu ziehen. In einem seiner Zelte befand sich eine Hündin mit einem Wurf junger Hunde. Es war eine häßliche, wollhaarige, kleine Hündin. Eines Abends um die Dämmerung ging sie zum Trinken hinaus an einen nahen Flußarm. Sie kehrte zurück und ging zu ihren Jungen ; aber anstatt sich hinzulegen und sie zu säugen, schob sie sie mit der Nase hin und her, schaute hinüber zu den Leuten im Zelte und schob sie dann wieder.

Plötzlich begann die Hündin zu reden. Sie sagte: „Ich liebe meine Kleinen, weil sie häßlich sind, und ich möchte nicht, daß ihnen etwas geschähe.“

Das bestürzte den Indianer. Er sprach: „Da du nun zu reden vermagst, sage uns auch, was du meinst.“

Die Hündin sprach: „Während ich am Flußarm trank, stieß mich jemand in die Rippen, und ich sah eine Anzahl feindlicher Indianer.“

„Wenn du uns sagst, was du weißt, werden deine Jungen am Leben bleiben; wir selbst werden sie vor den Feinden retten“, sprach der Krieger. Die Hündin sagte ihm, wo die Feinde lagerten, und daß sie sich in einem nahen Busch versteckt hielten. Der Krieger nahm die Hündin mit ihren Jungen und verbarg sie zusammen mit seiner Frau und den Kindern in einem Dickicht; dann sprengte er auf seinem Pferd nach dem Hauptlager, um dort die Gefahr bekanntzugeben und Hilfe herbeizuholen. Sie kamen gerade wieder, als die Feinde die Zurückgebliebenen überfallen wollten. Gänzlich unerwartet überfielen sie den Gegner und vernichteten den ganzen Trupp. Seit jener Zeit, sagten unsere Mütter, sind die Indianer gut zu den Hunden.

Wir besaßen eine Mythe für alles, was gut war; je mehr wir Knaben uns bestrebten, den Mythen, die uns unsere Mütter erzählten, nachzuleben, um so höher wurden wir im ganzen Stamme geachtet. Wir gaben uns Mühe, jede Mythe zu behalten und nach ihren Lehren zu leben.

Unsere Mütter verbrachten einen großen Teil des Winters damit, die Kleidung für die ganze Familie herzustellen, die Väter zogen hinaus auf die Jagd und brachten Pelze heim. Jeden Abend liefen wir Buben unserem Vater entgegen, wenn er ins Lager kam, um zu sehen, was er an diesem Tage erlegt hatte. Und wir hofften dabei, er möge einen jungen Luchs oder Kojot gefangen haben, mit dem wir dann eine Weile spielen würden, ehe wir ihn wieder laufen ließen. Vielerlei Felle brachte er: Moschusratten, Otter, Hirsch, Kojot, Luchs, schwarzen und grauen Wolf.

Unsere Mütter nahmen diese und vergruben sie über Nacht in der Asche, um das Haar zu entfernen. Dann rieben sie die Haut mit Büffelhirn oder faulem Holz, als Vorbereitung für das Gerben. Nachdem alles Haar von der Haut entfernt und sie weich und trocken geworden war, wurde sie mit einem glatten runden Knochen blank gerieben und mit einem weißen Kreidestein gebleicht.

Dann holte die Mutter ihre Farben herbei. Sie färbte Stachelschweinkiele und stickte schöne Verzierungen auf die Häute. Wir besaßen nur Naturfarben: Rot, Gelb, Schwarz, Weiß und Blau. Grün, Braun, Rosa oder Purpur sahen wir nie. Wir bereiteten unsere Farben aus dem Ocker, der Gelberde, die wir hauptsächlich in den Vorbergen des Felsengebirges fanden; dort lagen die Eisenerze auf der Oberfläche, sie gaben uns Rot, Blau und Gelb. Weiß gewannen wir, indem wir „Präriestaub“ kochten; Schwarz ergab sich, wenn wir ein Stück Holz auskochten, das mehrere Jahre in fließendem Wasser gelegen hatte. Brauchte der Vater Fettfarbe, um die Zauberverzierungen der Familie – heraldische Wappen – auf unser Tipi zu malen, so kochte er die Pulverfarben mit Knochenmark oder Büffelhirn. Als Faden benutzte die Mutter getrocknete Sehnen.

Unsere ganze rohlederne Kleidung war bunt geschmückt mit Hermelinschwänzen und gefärbten Stachelschweinkielen oder Anhängseln. Wenn wir uns gut benahmen und uns bestrebten, den Sitten und Legenden des Stammes nachzueifern, so durften wir auf dem Kopf ein Haarbüschel aus rot und gelb gefärbtem Dachshaar tragen. Das galt als Auszeichnung für die Knaben, die noch nicht alt genug waren, um die Adlerfeder als Siegeszeichen zu tragen; die Adlerfeder erhielten nur die, die sich auf dem Kriegspfade hervorgetan hatten. Als Hosen trugen wir lange Schäfte aus weichem Rohleder, die das ganze Bein bedeckten, oben am Gürtel befestigt, aber sonst nicht miteinander verbunden waren. Statt eines „Hosenbodens“ besaßen wir ein Schamtuch, das auf solche Weise durch den Gurt lief, daß es vorn und hinten herabhing. Dazu trugen wir noch ein rohledernes Hemd, mit farbigen Stachelschweinkielen und Anhängseln verziert.

Zündhölzer hatten wir in jenen Tagen nicht, wir machten Feuer, indem wir einen weißen Flintstein schlugen; oder wir füllten ein Stück Leder mit trockenem, faulem Holz oder Baumschwamm – Zunder – und rieben es dann an einer Bogensehne auf und ab, bis es heiß wurde und sich der Zunder entflammte. Wir hatten einen berufsmäßigen „Feuermann“ im Stamme, dessen Pflicht es war, das Feuer von einem Lagerplatz zum anderen mitzutragen und es an die Mitglieder des Stammes abzugeben, wenn diese Feuer machen wollten. Er trug das Feuer in einem hohlen Birkenstamm von etwa zwei Fuß Länge. Er nahm glühende Asche und stopfte sie mit viel Zunder in den hohlen Stamm. Das Ganze schnallte er auf sein Pferd und trug es den Tag über mit, ohne sich weiter darum zu kümmern. Wir Buben sahen gern zu, wenn er seinen Stamm öffnete; es sah darin aus wie ein kleines, glühendes Kaminfeuer. Er setzte sich mitten auf den Lagerplatz und verteilte die Glut an alle, die Feuer machen wollten.

„Schwör bei dem Horn!"

Die größte Freude für uns Buben war es, wenn wir nach dem langen, kalten Zwang des Winters die ersten Anzeichen des Frühlings entdeckten. Die Nordlichter schossen durch den Himmel, nachts riefen hoch über den Zeltspitzen die Wildgänse auf ihrem Flug in die Nordpolgewässer. Wir wußten, daß es nicht lange dauern würde, bis wir das Lager abbrechen und unsere endlose Wanderung über die sonnigen Prärien des Nordwestens wieder aufnehmen dürften.

Bald würden wir wieder unsere Sommerspiele treiben, nackt bis auf Lendenschurz und Sandalen umherlaufend. Unsere Herzen quollen bei dem Gedanken an die Abenteuer, denen wir vielleicht entgegengingen. Es könnte einen Kampf mit den Krähen geben, oder den Sioux, oder den Krie. Wir Knaben würden mit Knaben von anderen umherstreifenden Indianerstämmen zusammentreffen und unsere Kraft und unser Geschick gegen ihre einsetzen. Es gab so viele Wettkämpfe und Spiele während der langen Sommertage, an denen wir wie die Antilope wild umherliefen.

Die letzte Nacht im Winterlager, die Nacht vor dem großen Auszug, hielten unsere Väter einen Kriegstanz, der die ganze Nacht dauerte. Niemand ging zu Bett außer uns Kindern. Bis gegen zehn Uhr durften wir aufbleiben und dem Tanze zusehen, aber unsere Eltern tanzten und feierten die ganze Nacht. Etwa um vier Uhr morgens würden sie uns dann zum Ankleiden und Fertigmachen wecken. Gleich nach dem Abendessen hörten wir, wie die Trommler ihre großen Kriegspauken stimmten und die Sänger ihre Stimmen versuchten. Unsere Väter bemalten sich den Körper mit schönen Farben, die Mütter flochten sich das Haar und legten die besten hirschledernen Kleider an, verziert mit farbigen Kielen, Bärenklauen und Hermelinschwänzen.

Wir Kinder wurden ebenfalls schön angezogen und durften uns an diesem Abend auch die Gesichter bemalen. Die Mütter schmierten Kriegsrot auf unsere Gesichter, dann hatten wir den Vätern zuzusehen, damit wir soviel wie möglich vom Kriegstanz lernten. Dieser prunkvolle Tanz wurde aufgeführt, um dem großen Geist zu danken, daß er uns den Winter hatte überstehen lassen und um unseren Mut gegen alle Nöte oder Kämpfe zu stählen, denen wir im Lauf der unruhigen Sommerzeit begegnen könnten.

War während des Winters jemand gestorben, so brachten seine Verwandten beim Kriegstanze mancherlei Opfer in Form von schönen Ledergewändern, Büffelmänteln, Decken und guten Schnitten von Fleisch; das warfen sie alles ins große Feuer, auf das es „geistig“ werde und den Geistern der Verstorbenen diene, von denen wir bestimmt glaubten, sie seien zugegen.

Buum, buum, buum, buum! Vier donnernde Schläge auf die große Kriegstrommel verkündeten den Beginn des Tanzes. Dann buumbuum, buumbuum – nahmen die anderen Trommeln den regelmäßigen Gleichtakt des Kriegstanzes auf, und die Sänger begannen ihren unheimlichen, klagenden Gesang, der die ganze Nacht dauerte. „Hai-hai, hai-jeh, hai-jo-u, hai-joh.“ Unsere Väter kamen, nackt bis auf den Schamgurt, am ganzen Körper bemalt, in das vollgedrängte Versammlungszelt hereingetanzt. Sie stießen ein kurzes, rauhes Grunzen aus und stampften mit den Füßen – tump-tump, tump-tump. Langsam umkreisten sie so das hell flackernde Feuer in der Mitte des Zeltes.

Zuerst tanzen sie ruhig, mit würdevollen, anmutigen Bewegungen. Dann, wenn das Singen und Trommeln lauter und wilder wird, steigern sie sich in eine leidenschaftliche Kriegswut. Sie schreien „ii-jh-huup, hi-hijah“ und springen nach und nach immer höher, während sie die donnernden Tamtams umkreisen. Ein unheimlicher Glanz kommt in ihre Züge. Ihre Körper wiegen auf und nieder wie bei kämpfenden Hähnen, die Zähne glänzen im Schein des Feuers, aus den Augen leuchtet ein böses Lächeln von Vernichtung – sie starren vorbei an den Köpfen der Zuschauer, weit in die ewigen Tiefen der Sagen und Mythen, die hinter dem furchtbaren Geist des Kriegstanzes liegen.

Jener Geist ist dem Indianerblute eingeboren. Sogar wir Buben spürten ihn in unserem Blute peitschen, wenn die Väter mit den Schultern schnellten und sangen: „Möge uns der Sieg leicht zufallen. Möge der Feind lang und tief schlafen." Dann warfen sie große Holzklötze in die Luft und fingen sie mit den Speeren auf. Dabei riefen sie: „Mögen wir so mit unseren Feinden tun. Mögen wir sie wie Strauchwerk aufspießen!"

So tanzten unsere Väter die ganze Nacht hindurch den Tanz des Todes. Wir Kinder wurden zu Bett gebracht, doch der wilde, unheimliche Klang des Kriegsliedes durchwogte uns und peitschte uns auf zu solchen Abenteuern, wie sie die Väter erfahren hatten.

Lange vor Tagesanbruch hörten wir am nächsten Morgen den „Ausrufer des Lagers" durch die Zeltgassen rufen: „Euer Häuptling hat es befohlen. Auf! Auf! Auf!" Das war das Zeichen zum Abbrechen des Lagers. Wir Buben sprangen sogleich auf und hinaus unter den kalten Sternenhimmel. Wir halfen der Mutter die Zelthaut abnehmen und zu einem großen runden Bündel rollen, das dann auf die Pferde verpackt wurde.

Bis die ersten Streifen der Dämmerung am östlichen Himmel schimmerten, waren wir schon auf dem Weg. Wir ließen die Vorberge und die Schneegipfel des Felsengebirges hinter uns im Westen und wendeten uns der großen offenen Weite zu, die wir so liebten – den hohen Wellenebenen der nordwestlichen Prärie.

Mein kleiner Bruder und ich saßen auf den Tragstangen hinter dem Pferde, auf dem die Mutter ritt. Diese Tragstangen – Travois – bestanden aus je zwei Zeltstangen unseres Lagers, sie kreuzten sich über den Schultern des Pferdes und schleiften hinten auf der Erde nach. Eine kleine Hängematte aus Häuten verband die Stangen unterhalb des Pferdeschwanzes, darin ritten ich und mein Bruder zugleich mit mancherlei „Hausgerät“, das unter und um uns verstaut war. Es gab viel Spaß, einander auszulachen, wenn das Pferd plötzlich mit dem Schwanze schlug und wir dabei einen scharfen Hieb über das Gesicht erhielten. Manchmal hat uns das beinah geblendet, dicke rote Striemen entstanden auf unseren Backen – aber geweint haben wir nie, noch uns bei der Mutter beklagt; wir hätten uns sonst in den Augen der anderen lächerlich gemacht.

Wir maßen in jenen Tagen Entfernungen nach „Nachtlagern“. „Ein Nachtlager“ bedeutete etwa fünfzig Kilometer, „zwei Nachtlager“ hundert Kilometer. Am ersten Tage nach dem Abbruch des Winterlagers legten wir immer eine Entfernung von „zwei Nachtlagern“ zurück, um nicht im tiefen Schnee der Vorberge lagern zu müssen.

Manchmal, wenn wir über die Prärie zogen, sahen wir einen anderen Stamm uns entgegenkommen. Sie rückten behutsam näher, dann hielten sie und machten uns ein Zeichen in der Zeichensprache. Mit den Fingerspitzen der rechten Hand rieben sie die obere Fläche des linken Handgelenks, dann entfernten sie die rechte Hand und bewegten die Finger auf und ab, unter dem Daumen weg; dabei stand die Handfläche nach oben, und die Hand schlenkerte von rechts nach links und wieder zurück. Das Berühren des Handgelenks bedeutete: „Indianer“ (braune Haut); das Schütteln der Finger und der Hand bedeutete: „Welche Art?“ Das Zeichen fragte also, welcher Stamm wir wären. Unser Häuptling machte das Zeichen für „Schwarzfuß“ und deutete dann nach dem Lande, wo wir lebten. Daran anschließend hielt er regelmäßig den rechten Arm empor, mit der offenen Handfläche nach den Fremden gerichtet. Dies bedeutete: „Frieden“ – ein uraltes Sinnbild –, er zeigte, daß er keine Waffe in der Kampfhand trug.

Darauf stiegen die beiden Häuptlinge ab und schritten einander auf halbe Entfernung zwischen beiden Stämmen entgegen. Sie schenkten sich gegenseitig Tabak, reichten einander die brennenden Pfeifen und kehrten zu den Ihren zurück, worauf wir alle die Wanderung fortsetzten.

Obwohl die meisten Stämme des Nordwestens schon durch Verträge mit den Regierungen der Vereinigten Staaten und Kanadas zum Frieden verpflichtet waren, gab es noch einen Indianerstamm, mit dem wir keinen vollen Frieden geschlossen hatten. Das war der Okotoks-Trupp der Isahpo – die Stein-Bande der Krähen. Unsere älteren Leute hielten noch an den alten Fehden fest, und manches Mal, wenn wir auf der Prärie mit diesem Trupp zusammenstießen, gab es Kämpfe. Obwohl eigentlich Friede zwischen uns und den anderen Trupps dieses Stammes bestand, grenzte die gegenseitige Abneigung recht nahe an Haß.

Wenn wir durch das Gebiet der Krähen zogen, folgten sie uns immer nach, bis wir die Gegend wieder verlassen hatten. Abends beim Aufschlagen des Lagers sahen wir, wie sie in der Ferne auf unserem Pfade ebenfalls lagerten. Sie trauten uns nicht und wir ihnen nicht. Die ganze Nacht hindurch hörten wir ihre Späher von den benachbarten Hügeln einander Zeichen geben, sie ahmten die Nachtrufe des Koyoten oder des Nachtfalken nach. Oft unter Tags, während wir durch das Krähengebiet zogen, sahen wir Buben, auf unseren Tragstangen sitzend, ein Büschel Adlerfedern aus der Erde hervorwachsen, dann ein braunes Gesicht und zwei spähende Augen. Wir sagten es der Mutter, und sie antwortete: „Sch, seid still, sie werden euch nichts tun."

Aber eines Tages geschah etwas Seltsames. Wir lagerten am oberen Missourifluß, mitten im Gebiet der Krähen, und hatten uns eben zum Nachmittagsmahle niedergelassen. Nach dem Essen saß einer unserer Krieger, Klappernde-Spur, am Flußufer und reinigte seinen Vorderlader. Ein anderer Krieger, Fliegender-Bogenknabe, kam vorbei, blieb stehen und sagte scherzend:

„Wozu reinigst du die Flinte? Du kannst doch nichts damit schießen."

„Ich kann besser damit umgehen als du", antwortete Klappernde-Spur.

„Leg deinen Feuersack darauf“, sagte Fliegender-Bogenknabe, indem er seinen eigenen hübsch geschmückten Feuersack als Pfand auf die Erde warf, „wir wollen sehen, wer besser schießt.“

Klappernde-Spur nahm seinen Feuersack vom Gürtel, legte ihn auf den anderen und sprach:

„Gut. Siehst du das Stück Baumstamm, das dort außen mitten im Strome schwimmt? Paß auf!“

Er hob den alten Vorderlader, zielte und schoß.

Die Flinte ging los. Da geschah etwas, daß den beiden vor Überraschung fast der Atem verging. Als die Kugel den Baum traf, sprang er vorwärts wie eine Eidechse. Zwei menschliche Arme hoben sich spritzend zu beiden Seiten, peitschten einen Augenblick wütend das Wasser und verschwanden dann wieder. Der Baum glitt ziellos weiter flußab. Klappernde-Spur warf seine Decke ab, sprang in das Wasser und schwamm hinaus. Wir standen alle am Fluß, als er zurückkam und den Baum ans Ufer zog.

Es war gar kein Baumstamm. Es war eine hohle Röhre aus Birkenrinde, und darin stak ein Mann mit dem Kopf. Wir zogen den Toten heraus, es war ein Späher der Krähen. Er hatte sich den Fluß hinuntertreiben lassen, um unser Lager auszukundschaften. Mit dem ganzen Körper war er unter Wasser geschwommen, durch zwei kleine Löcher in der Röhre hatte er uns beobachtet. Wir brachen sogleich das Lager ab und verließen die Stelle; es ist zweifelhaft, ob die Krähen je erfuhren, was mit ihrem Späher geschah.

Nach diesem Abenteuer zogen wir nordwärts. Wir befanden uns auf dem Weg hinauf in das Land der Krie, nach Assiniboien, um zu erforschen, ob dort noch Büffel wären.

Eines Tages, während wir durch die Zypressenberge zogen, stießen wir auf eine Krie-Bande; die waren seit Abschluß des Friedensabkommens mit der Regierung der nordwestlichen Territorien nicht mehr zu ihrem Hauptstamme gestoßen. Aber sie gaben uns dennoch das „Friedenszeichen“; und als unser Häuptling vorantritt, um mit ihnen zu verhandeln, sagten sie, sie hätten zwar, seit ihr

Stamm den Frieden geschlossen hatte, mit den nördlichen Schwarzfüßen ein Gefecht gehabt, doch sie seien willens, mit uns Frieden zu schließen, wenn wir einverstanden wären. Sie gehörten zu Häuptling Piapots Zweig der Krie, der in Assiniboien, oben im Rufenden Tale, lebte.

Unsere Häuptlinge mit den anderen Kriegern des Rates nahmen den Vorschlag an, und es wurde vereinbart, zur Feier des denkwürdigen Ereignisses am selben Nachmittage ein großes Festessen zu halten.

Während wir beim Festmale saßen, starrte einer unserer Krieger, Sechstöter, scharf und beharrlich auf einen Krie-Krieger, der ruhig essend vor ihm saß. Sechstöter sagte nichts, aber er ließ diesen Krie – der übrigens Braun-Mokassin hieß – im ganzen Verlauf des Festes nicht aus den Augen. Braun-Mokassin bemerkte wohl, daß er angestarrt wurde, aber er sagte nichts. Dieser Krie trug ein Halsband aus Büffelzähnen, und darauf starrte unser Sechstöter.

Als das Festessen vorüber war, sprach Sechstöter den Krie an. Er fragte, ob er das Halsband aus Büffelzähnen selbst gemacht habe. Braun-Mokassin strich mit den Handflächen die Zähne an seiner Brust auf und ab, warf den Kopf zurück und lachte laut und lang. Dann sagte er, immer noch lachend:

„Nein, ich habe das Halsband nicht gemacht. Ich nahm es einem Schwarzfuß ab, den ich vor einigen Jahren erschlug." Und er lachte weiter.

Sechstöter fragte, ob wir, die Schwarzfüße, bei jenem Treffen jemand von der anderen Seite getötet hätten. Braun-Mokassin antwortete: „Ja, einen Krie und vierzehn Sioux, die auf unserer Seite kämpften."

Sechstöter erhob sich von seinem Platze und ging hinüber zu unserem Häuptling. Auf Braun-Mokassin deutend, rief er: „Dort sitzt der Mann, der deinen Sohn erschlug. Er trägt seine Kette um den Hals."

Der Häuptling sah rasch hinüber nach Braun-Mokassin und auf das Halsband, dann warf er die Arme in die Luft und brüllte, er werde Braun-Mokassin auf der Stelle erschlagen. Er war wild vor Wut, jeder meinte, es würde sogleich einen großen Kampf geben. Aber glücklicherweise war der Häuptling der einzige in unserem Lager, der sich erregen ließ. Nachdem einige unserer Ratsmänner mit ihm gesprochen hatten, willigte er ein, dem Lande den Frieden zu erhalten und nicht mehr zu kämpfen. Alle fühlten sich freundschaftlich zueinander gezogen, wir blieben von da an gute Freunde dieser Indianer.

Die Krie freuten sich dermaßen über den Ausgang unseres Zusammentreffens und über den Friedenspakt, daß sie baten, mit uns nach Montana hinunterziehen zu dürfen, um mit all den anderen Stämmen, die sie bisher bekriegt hatten, auch Frieden zu schließen.

Wir besuchten die Sioux, die Großbäuche, die Cheyenne und eine Bande von Krähen, mit der wir befreundet waren. Überall wurden den Krie von ihren früheren Feinden große Festessen bereitet. Alles ging gut, bis wir in das Lager des Häuptlings Stehender-Bulle (amerikanische Sioux) in Montana kamen. Die Siouxkinder wurden eben von Missionaren unter einem Geleit berittener Truppen nach der Missionsschule verschleppt. Das jämmerliche Schreien der Kinder brachte den Häuptling in helle Wut, er hatte Lust, die Friedensschlüsse in den Wind zu schlagen und mit dem Abschlachten der Krie, die wir mitgebracht hatten, einen neuen Krieg zu beginnen. Unsere Häuptlinge setzten alles daran, ihn zu beruhigen; schließlich gab er den Krie die Hand und ließ ein Festessen bereiten.

Auch bei der nördlichen Bande der Krähen gab es Schwierigkeiten. Ihr Häuptling war zwar den Krie freundlich gesinnt, aber er hatte seine Krieger nicht fest in der Hand, und diese wollten sogleich den Kriegstanz und den Kampf mit den Krie beginnen. Sie umstellten die Besucher mit Wachen, auf daß keiner entkäme, und begannen ihren Tanz, wobei sie die Waffen unter den Mandeldecken verbargen. Nur die Geistesgegenwart eines jungen Assiniboine, der sich unter den Krie befand und der die Krähensprache beherrschte, verhinderte, was sonst ein furchtbares Schlachten gegeben hätte. Dieser Assiniboine setzte sein Leben aufs Spiel, indem er mitten unter die Tänzer trat und in einer meisterhaften Rede von der Notwendigkeit des Friedens unter den Indianerstämmen sprach. Er sagte den Krähen, sie würden als Feiglinge handeln, wenn sie die Krie töteten, die in gutem Glauben zu ihnen gekommen seien und Frieden, nicht Krieg suchten.

„Wenn ihr diese wehrlosen Menschen schlachtet“, sprach er, „werden euch alle übrigen Stämme der Prärien verlachen. Es wird in den Augen der anderen Indianer keinen einzigen Krieger mehr unter euch geben; sie werden euch als alte Weiber betrachten.“

Das war den Krähen doch zu viel. Sie brachen ihren Kriegstanz ab und befahlen den Frauen, mit dem Kochen des Festmahles zu beginnen. Sie sprachen: „Deine Rede ist gut. Wir geben unsere Absicht auf, die Krie zu töten, wir wollen sie ehren.“ Und so taten sie auch.

Sie waren ein tapferer kleiner Trupp, diese Krie; viele von ihnen leben noch oben im Rufenden Tale, dem Qu'appelle-Tal in Saskatchewan.

Während unserer Sommerwanderungen machten wir oft an bestimmten Stellen auf der Prärie halt, um eine Woche lang Sport zu treiben und uns so körperlich tüchtig zu halten. Unser Stamm tat das alle zwei oder drei Wochen, und wir Kinder genossen diese Erholungszeiten noch mehr als die Eltern. Denn wir durften dann unsere Spiele treiben und unsere Scheinkriege durchführen.

Während die Erwachsenen Pferderennen abhielten, lange Dauerläufe machten, ihre Kräfte im Ringen, Gewichtheben und Gewichtwerfen maßen, trieben wir Buben uns frei auf der ganzen Prärie umher und trugen unsere kleinen Wettspiele und Kämpfe aus. Die Mütter kümmerten sich von morgens bis abends nicht um uns, wir durften gehen und kommen, wie es uns beliebte.

Wir verstanden die Kunst der Indianerkriegführung fast so gut wie unsere Väter; denn es war Sitte, daß die berühmteren Krieger beim Sonnentanz[1] alle ihre ruhmvoll-

---

[1] Bedeutendste religiöse Zeremonie der Prärieindianer. Die Tänzer, im Kreis aufgestellt und die Augen auf die Sonne gerichtet, ließen sich hölzerne Spieße in die Brust stoßen, die mit Seilen an einem Zentralpfahl befestigt waren. Dann tanzten sie, bis das Fleisch abriß und sie freikamen. Dies war – wie das Hungern und Dursten während des 4tägigen Tanzes – ein Opfer der Männer, um dem „Großen Geheimnis“ näherzukommen.

sten Kämpfe erzählten und auch vorführten. Wir Knaben hatten die meisten Kämpfe unseres Stammes in allen Einzelheiten auswendig gelernt.

Manchmal, wenn wir in der Nähe eines denkwürdigen Schlachtfeldes aus den Kämpfen mit den Krähen oder den Großbäuchen lagerten, zogen wir Burschen frühmorgens schon vom Lager los; wir nahmen einen großen Sack Pemmikan[2] und unsere Pfeile und Bogen mit und suchten die Stelle auf, um zu „kämpfen". Wir teilten uns in zwei Stämme, stellten die alten Landzeichen fest, die wir aus den Erzählungen der Väter kannten, und bezogen dieselben Stellungen, aus denen die ursprüngliche Schlacht geschlagen worden war. Glücklich waren diejenigen Buben, die zu Häuptlingen oder Zaubermännern gewählt wurden.

Hatten die „Häuptlinge" ihre Krieger in die Stellungen verteilt, so hielten sie abseits einen Kriegsrat, um den Gang des Kampfes noch einmal festzulegen. Dann zogen wir uns alle aus, wie die Väter taten, wenn sie in den Kampf gingen, und bemalten unsere Körper nach der Farbe der betreffenden Landschaft, damit uns der „Feind" nicht so leicht entdeckte. Auf ein gegebenes Zeichen begann der Kampf.

Wir besaßen kleine Pfeile, von den Müttern gemacht, mit stumpfen, runden Kugeln auf den Spitzen. Sobald einen Knaben ein solcher Pfeil traf, war er „tot" und mußte auf der Stelle liegenbleiben. Unsere Mütter hatten uns auch schwarzes Pferdehaar in den Schopf gebunden, so daß man uns „skalpieren" konnte, wenn wir „getötet" wurden.

Bei diesen Kriegsspielen stürzten wir nicht wild aufeinander los, wie ich es unter weißen Knaben gesehen habe. Wir nahmen die Schlacht sehr ernst, verbargen uns, wo

---

[2] Pemmikan, die Hauptnahrung des Indianers während des Winters, wird aus getrocknetem, gestampftem Büffelfleisch, vermischt mit Saskatunbeeren, hergestellt. Es wird in Büffelblasen gefüllt und mit heißem Fett übergossen, dann hält es sich monate- und selbst jahrelang, ohne zu verderben. Es ist die einzige „Büchsenspeise" des Indianers, die einzige Nahrung, die er für den Winter aufheben kann.

irgend möglich, und krochen heimlich aufeinander zu – wie eben der Indianer kämpft. Unsere Väter verlangten das von uns, damit wir gute Krieger würden, wenn wir erwachsen wären. Manchmal dauerte die Schlacht über eine Stunde. War dann der große Kampf vorüber, so wurde der mit den meisten erbeuteten Skalpen der „größte Krieger“ des ganzen Knabenlagers, er behielt auch mehrere Tage lang diesen Rang.

Anschließend an unsere Schlachten hielten wir große Siegestänze, wie es die Väter taten; und die fünf Buben, die die meisten Skalpe erbeutet hatten, waren die Helden dieser Feste. Wir errichteten fünf besondere Sitzplätze für diese auserlesenen „Krieger“, und die gewöhnlichen Mitkämpfer hatten sie zu bedienen und ihnen Speise zu bringen, während sie stumm ihrem Ehrentanze zusahen. Nachmittags, bei der Rückkehr ins Lager, ließen wir unsere fünf „größten Krieger“ vorangehen, und die Männer legten ihnen die Hand auf die Schulter und sagten, sie würden eines Tages große Krieger wie ihre Väter werden; das nahmen wir Knaben immer sehr ernst. Beide Eltern, sowohl Vater wie Mutter, ermunterten uns zu den Kriegsspielen, auf daß wir „ehrenhafte Männer“ würden.

Zogen wir nicht auf einen solchen Kriegszug, dann hielten wir im Lager allerlei Kampf- und Wettspiele ab.

Eines unserer beliebtesten Kampfspiele war das „Steinwerfen“, mit dem wir erprobten, wer den stärksten Rücken und die kräftigsten Arme besäße. Wir nahmen einen ansehnlich großen Stein, ergriffen ihn mit beiden Händen, beugten uns vornüber und warfen ihn zwischen den Beinen hindurch nach rückwärts. Das trieben wir den ganzen Nachmittag lang und suchten unsere Wurfzeichen weiter und weiter vorzurücken. Der mit dem weitesten Wurf gewann die „Arm-und-Rücken“-Meisterschaft. Aber das hieß noch nicht, daß er der Erste unter uns wurde, denn es galt noch die Beine zu erproben. Der Indianer mißt körperliche Tüchtigkeit nach Arm- und Beinkraft, nicht nach Ausdauer und guter Atmung – denn die besitzt jeder Indianer als etwas Selbstverständliches. Den Gegner mit dem Spieß oder der Streitaxt niederzuschlagen, erforderte kraftvolle Arme; ihm nachzulaufen und auf ihn zu springen, verlangte ebenso starke Beine.

Darum hielten wir häufig Wettläufe ab, um unsere Schnelligkeit zu erproben. Wir Knaben liefen in unseren Wettläufen selten mehr als drei oder vier Kilometer, aber die Erwachsenen legten manchmal zweihundertfünfzig bis dreihundert Kilometer in einem einzigen Wettlauf zurück. Eine beliebte Laufstrecke der nördlichen Schwarzfüße ging von Schwarzfuß-Kreuzweg, jetzt Gleichen in Alberta, nach Zauberhut und zurück. Das war eine Strecke von etwa dreihundertsechzig Kilometern. Sie liefen morgens ab und kamen am nächsten Tag zurück – ohne Halt, und alles zu Fuß.

Wir liefen unsere Wettläufe immer barfuß, um nicht die Mokassins abzunutzen, und auch um unsere Füße zu kräftigen und abzuhärten. Um den Kopf banden wir einen Lederstreifen, damit uns das lange Haar nicht ins Gesicht flog, und legten alle Kleidung bis auf den Lendenschurz ab. Die Hände hielten wir unten an den Hüften, es galt als unwürdig und als Zeichen von Schwäche, mit angezogenen Ellbogen die Hände vor der Brust hin und her pendeln zu lassen. Nach jedem Wettlauf sprangen wir in den kalten Fluß und badeten.

Das erste, was wir Buben taten, wenn zur Erholung haltgemacht wurde, war, unsere Pferde zu besteigen und auf der Prärie nach einem großen Okotoks – Stein – zu suchen. Wir warfen den Lasso über den größten Stein, den wir fanden, und ließen ihn von den Pferden ins Lager schleifen. Dann bezeichneten wir die Stelle, wo er lag, mit einem roten Holzstift und versuchten nun, wer ihn am weitesten tragen konnte. Jeder besaß seinen eigenen Stift, der durch besondere Bemalung kenntlich gemacht war, den steckte er in die Erde dort, wo er den Stein fallen ließ. Dann rollten vier oder fünf von uns den Stein wieder zurück an den roten Stift, und der nächste kam daran. Manchmal verbrachten wir ganze Tage damit, unser eignes Zeichen oder die der anderen zu übertreffen.

Enthaltsamkeit von übermäßigem Essen und von zu großem Gefallen an körperlichen Bequemlichkeiten wurde uns von den Eltern streng auferlegt; ihr ganzes Bestreben war, uns zäh und ausdauernd zu halten. Wir durften niemals nahe beim Feuer stehen, damit wir nicht zu warm und dadurch faul würden. Fettes Fleisch ließen uns die Eltern nie essen. Sie sagten, es würde uns den Magen weich machen.

Wir Knaben erhielten täglich von zwölf der ältesten Männer des Stammes Ermahnungen über die richtige Lebensführung. Weil sie selbst ein so hohes Alter erreicht hatten, nahm man an, daß sie besser zu leben verstanden als die anderen. Jeden Morgen vor Sonnenaufgang, während noch alles im Tipi schlief, stand der Reihe nach einer dieser alten Männer auf und ging durch das Lager; er verkündete mit lauter Stimme, wie man leben sollte, um alt zu werden, und was er sonst an guten Ratschlägen über Sitten, Tapferkeit und Angriffslust wußte. Seine Stimme weckte uns, und wir lagen und lauschten jedem Worte, das er sagte. Zu jener Zeit des Morgens, da wir eben aus dem Nachtschlaf erwacht waren, schienen seine Worte besonders tief einzudringen. Wir merkten uns jedes Wort, den ganzen Tag hindurch fielen uns die Ermahnungen ein, und wir suchten sie zu befolgen.

Alle die Männer waren große Krieger, die viele Skalpe genommen hatten; wir schenkten unseren alten Leuten im ganzen Stamme die größte Hochachtung. Um so alt zu werden, mußten sie mutige, starke und tüchtige Kämpfer gewesen sein, darum eiferten wir ihnen nach. Wenn so ein Alter seinen schweigenden, ehrwürdigen Gang durch das Lager unterbrach, einem von uns Buben den Arm um die Schulter legte und ein kurzes Gebet an den großen Geist zu unserem Wohlergehen sprach, so fühlten wir uns hoch geehrt. Wir blieben auch nach Schluß des Gebetes ehrfurchtsvoll und schweigend stehen, bis der Alte weitergegangen war. Wir betrachteten unsere Alten fast als Halbgötter und liebten sie innig: Sie waren alle unsere Väter.

Diese Achtung vor dem Alter wurde uns so tief eingeprägt, daß ich bis zum heutigen Tage nicht den Mut habe, einem älteren Menschen zu widersprechen. Mir sind alte

Leute noch immer Halbgötter, die man stets ehren und denen man folgen muß.

Jeden Morgen bei Sonnenaufgang gab es einen Wettlauf aller Knaben und Jünglinge, wer zuerst zu dem Morgenbad in den Fluß spränge; die Lager befanden sich wegen der Wasserversorgung stets nahe bei einem Fluß. Derjenige, der am häufigsten als erster auf war, wenn die Sonne eben über den östlichen Sehkreis lugte, galt als Vorbild für das ganze Lager.

Ein Bursch, der lieber den eignen Launen folgte oder der sein Bett zu sehr liebte, erniedrigte sich zum „Mitläufer". Nie durfte sein Name öffentlich ausgerufen werden. Er galt für gar nichts in der gesellschaftlichen Einteilung des Lagers.

Unser Trupp zerfiel in verschiedene „Lager", jedes mit seinem Unterhäuptling. Wenn ein Lager das andere einlud, den Abend beisammenzusitzen und zu rauchen, so stellte sich der Einladende in die Mitte des Hauptlagers und rief die Namen aller jener auf, die sich durch Befolgung der Stammesbräuche hervorgetan hatten; zum Schlusse sprach er dann eine allgemeine Einladung für „die übrigen". Diese „Übrigen" setzten sich aus den Trägen zusammen. Für die geachteten Jünglinge wurden vorne Sitze gerichtet, die Trägen erhielten die Plätze bei der Tür. „Dort gehören sie hin", sagten unsere Alten. „Die Natur gibt jedem seinen Platz. Die Trägen würden ja doch zu spät kommen; also mögen sie bei der Tür sitzen, wo sie die Achtbaren nicht stören, wenn sie hereinkommen." Diese Einteilung der Plätze hatte auch eine heitere Folge. Wenn nämlich der Häuptling die Pfeife ansteckte und sie im großen Kreise weiterreichte, erhielten die geachteten jungen Männer, die nahe beim Häuptling saßen, den süßen Rauch, während die, die überall gern zuletzt kamen, nur den stark beizenden Saft hatten.

An Regentagen, wenn wir nicht draußen spielen konnten, ermutigten uns die Eltern, Kriegstänze zu halten. Sie stellten für uns das allgemeine Versammlungszelt auf und belehrten uns in all den gefeierten, alten Tänzen unseres Stammes: im Kriegstanz, Adler-Kriegstanz, Gespenstertanz, Zaubertanz, Häuptlingstanz, Pferde-Kriegstanz, „Ich-sah“-Tanz und Skalptanz.

Der liebste von allen diesen war für uns der Adler-Kriegstanz, weil er mit einem Wettkampf endete. Wenn wir diesen Tanz abhalten wollten, suchten wir auf den steilen Hängen längs des Flußufers ein Adlernest, hackten einen kleinen Baum ab und schafften beide in das Lager. Wir schälten dem Baume die Rinde ab, bemalten ihn rot und entfernten alle Äste bis auf einige am Wipfel. In diese oberen Äste banden wir das Adlernest und ließen es an einer Schnur herunterhängen. Dann pflanzten wir den Baum in der Mitte des Zeltes auf und zogen um ihn herum mit Zweigen ein Viereck.

Innerhalb dieses Vierecks gruben wir ein Loch, dahinein stieg der Knabe, der den Tanz angab, mit seinem Tam-Tam. Wenn der Tanz beginnen sollte, schlug er auf sein Tam-Tam und sang dazu. Eine Weile sang er langsam; als das Lied schneller wurde, kamen wir alle in das Zelt getanzt, unsere Bogen und Pfeile über dem Kopfe haltend.

Wir tanzten rund um den Baum, bis der Knabe in der Grube plötzlich das Singen abbrach; dann hoben wir alle die Bogen und begannen nach der Schnur zu schießen, an der das Adlernest vom Wipfel des Baumes herabhing. Wenn das Adlernest zur Erde fiel, sprangen alle mit Kriegsgeschrei darauf zu; die ersten drei Knaben, die es berührten, durften eine Feder im Haare tragen. Dies galt für uns wie die „erste“, „zweite“ und „dritte“ Ehrenauszeichnung, die sich unsere Väter errangen, wenn sie im Kampfe einen Feind getötet hatten – sobald nämlich ein Feind gefallen war, stürzten alle Krieger auf ihn zu, um die ersten zu sein, die ihn berührten. Wir mochten diesen Tanz, weil es sonst keinen Tanz oder kein Spiel gab, bei dem man eine Adlerfederauszeichnung, wie sie unsere Väter trugen, gewinnen konnte.

Bei unseren Spielen, in allem was wir Knaben auch trieben, ging es vor allem „ehrenhaft“ zu. Keiner bezweifelte je des anderen Wurfzeichen, des anderen Bestzeit, des anderen Wort. Die Eltern lehrten uns, daß Lügen die

„größte Schande“ sei; sie nannten es „das Kampfschild, hinter dem der Feigling seine Schande verbirgt“. Wir glaubten ihnen, und es gab sehr selten Gelegenheit, vor den Spielgefährten die Wahrhaftigkeit eines Ausspruches betonen zu müssen.

Geschah es jedoch, daß einer einen Zweifel äußerte, so „schwur der andere beim Horn“ und dann war jeder Widerspruch ausgeschlossen. Keiner hätte je beim Horn falsch geschworen. Es war derselbe Eid, den unsere Väter ablegten: er besagte, daß wir bereit wären, vor dem berühmten Horn-Bund der Schwarzfuß-Indianer die Wahrheit des Gesagten zu beschwören.

Aus meiner ganzen Knabenzeit erinnere ich mich nur eines einzigen Falles, wo ein Ausspruch genügend angezweifelt wurde, daß man den betreffenden Knaben ersuchte, „vor dem Horn zu schwören“. Irgend jemand hatte einen zahmen Kojoten, der sich mit unseren Hunden angefreundet hatte und der Liebling des ganzen Lagers geworden war, totgeschlagen. Ein Spielkamerad, ein Knabe namens Sternwolf, wurde beschuldigt, den Kojoten getötet zu haben. Er sagte, er sei unschuldig, und der Vater hieß ihn „vor dem Horne schwören“.

Der Horn-Bund besteht aus fünfundzwanzig der bedeutendsten und geachtetsten Krieger im Stamme. Die Männer gehören bis zu ihrem Tode dazu, kein neues Mitglied kann aufgenommen werden, bis eines gestorben ist. Es heißt, daß dieser Bund starke Ähnlichkeit mit den Freimaurern der Weißen aufweise. Da sich die lebenslängliche Zugehörigkeit auf fünfundzwanzig ehrenhafte Männer beschränkt, so bleiben ihre Geheimnisse besser behütet als die irgendeines anderen Bundes der Indianer.

Damals, als der junge Sternwolf vor dem Horn schwören sollte, wurden wir Knaben alle dazugelassen, um das Ereignis zu sehen. Die fünfundzwanzig „Hörner“ saßen im Kreis, mit ihrem feierlichen Schmucke bekleidet und von bewaffneten Kriegern beschützt.

Sternwolf wurde in die Mitte des Zeltes geführt und stand dort, während das „große Haupt der Hörner“ langsam die heilige Zauberpfeife mit Tabak füllte und dann ein wenig trockenes Gras obenauf legte. Beim Stopfen der Pfeife redete er geheimnisvoll, von Zeit zu Zeit Sternwolf warnend, „daß er nun vor dem Horn schwören werde und dabei tief in seinem Herzen die Wahrheit erforschen müsse; denn wenn er mit krummer Zunge spräche, würde sein Tod erfolgen“.

Nachdem die Pfeife gestopft war, setzte er viermal Feuer daran; jedesmal schaute er durch die Flamme des brennenden Spanes auf Sternwolf und murmelte dabei ein Wort, das wir nicht verstanden. Dann schwenkte er die Zauberpfeife nach den vier Richtungen der Erde, stand auf und trat hinüber zu Sternwolf. Er hielt ihm die Pfeife hin und sprach gesetzt und streng:

„Bruder, rauche, wenn du die Wahrheit sagst. Wenn du lügst, dann rauche nicht!“

Sternwolf „nahm“ die Pfeife; danach bezweifelte niemand mehr seine Aussage.

Es heißt, wenn jemand vor dem Horne lügt. so stirbt er innerhalb eines halben Jahres. Es wird auch behauptet – und zwar auf Grund von wirklichem Geschehen –, daß Todesfälle aus diesem Anlaß vorgekommen seien.

Was bedeutet ein Indianername?

Während ich ein Knabe war, besaß jeder Indianer im Laufe seines Lebens zum mindesten drei Namen. Der erste davon, den er bei der Geburt erhielt und trug, bis er alt genug war, auf den Kriegspfad zu gehen, beschrieb irgend etwas in Zusammenhang mit seiner Geburt. Wir haben zum Beispiel einen Mann unter den Schwarzfüßen, der heißt Heult-mitten-in-der-Nacht. Als er am Ufer des Belly-(Bauch-)Flusses im südlichen Alberta geboren wurde, ging die Indianerfrau, die seiner Mutter half, an den Fluß hinaus, um Wasser zu holen. Sie kam ins Zelt zurück und sprach: „Ich hörte einen Wolf über dem Flusse heulen.“ Die Mutter des Neugeborenen antwortete: „Dann werde ich meinen Sohn Heult-mitten-in-der-Nacht nennen.“

Den Geburtsnamen sollte der Knabe behalten, bis er alt

genug war, sich selbst einen Namen zu verdienen; aber sobald er mit anderen Kindern spielte, gaben ihm die Spielgefährten unter sich einen Namen, der den von den Eltern erwähnten vollkommen verdrängte. Und dieser Name war oft wenig schmeichelhaft, denn wir Indianerknaben suchten gern einen bezeichnenden Mangel oder Fehler, nach dem wir unseren Spielgefährten nannten. Es gab zum Beispiel Namen wie: O-Beine, Toller-Hund, Laufende-Nase, Böser-Bube, Wolfschwanz. Man weiß von Fällen, wo dieser Spitzname aus der Knabenzeit so treffend paßte, daß er nicht nur den Geburtsnamen verdrängte, sondern auch zeitlebens haften blieb, falls der Betreffende nicht imstande war, sich auf dem Kriegspfad einen besseren zu verdienen.

Meist aber erhielt ein Indianer seinen eigentlichen Namen, wenn er alt genug war, den ersten Kampf gegen den Feind mitzumachen. Sein Name für das ganze Leben hing davon ab, wie er sich bei diesem Kampfe bewährte. Nach der Rückkehr vom Kriegspfade kam das gesamte Lager zusammen, um den Feierlichkeiten der Namensverleihung durch den Häuptling des Stammes beizuwohnen. Hatte sich der Jüngling als tüchtig erwiesen, so erhielt er einen guten Namen, wie zum Beispiel: Er-kämpft-mit-beiden-Armen, Heranstürmender-Büffel, Sechstöter, Guter-Treffer, Schwerer-Speer, Viele-Häuptlinge. Hatte er sich hingegen schlecht geführt, so mochte er vielleicht heißen: Verrückter-Wolf, Mann-der-sich-vor-einem-Pferde-fürchtet, Rauchendes-altes-Weib. So gibt ein Indianername an, wie sich sein Träger bewährt hat oder welcher Art er ist.

Außerdem hatte ein Mann vielfach Gelegenheit, im Laufe der Zeit seinen Namen zu verbessern. Führte er bei einem späteren Kampf irgendeine besonders tapfere Tat aus, so erhielt er einen besseren Namen. Mancher unserer ruhmvollen Krieger besaß bis zu zwölf Namen – alles gute Namen, und jeder besser als der vorherige. Wie viele er auch der Reihe nach erhalten mochte, jeder seiner alten Namen gehörte ihm, und kein anderer Mensch durfte ihn tragen. Diese Namen waren ein so festes Eigentum, als wären sie gesetzlich geschützt, nicht einmal der Besitzer durfte einen davon verschenken. Indianernamen wurden vom Stamme vergeben, nicht von der Familie; man durfte seinen Namen nicht dem eignen Sohne geben, es sei denn, der Häuptling und der gesamte Stamm hätten in Anerkennung einer besonderen Tapferkeit des Sohnes darum gebeten. Ich weiß von nur drei oder vier Fällen, wo dies geschah; es ist die seltenste Ehre, die einem Menschen zufallen kann, daß er den Namen des eigenen Vaters erhält. Zu meiner Zeit mußte sich jeder Sohn selbst seinen Namen verdienen.

Man wird also verstehen, warum kein erwachsener Indianer einem Fremden den eigenen Namen sagt. Fragt man ihn, so wendet er sich an einen Danebenstehenden und nickt ihm zu, damit der es für ihn sage. Er möchte nicht mit den Taten seiner Kriegszüge prahlen. Seine Namen sind wie die Auszeichnungen, die der Weiße im Kriegsdienste gewinnt; und der Indianer empfindet eine gewisse Scheu davor, durch das Nennen des eignen Namens vor anderen Leuten seine Tapferkeit anzupreisen.

Es gibt ausgesprochene „Häuptlingsnamen" unter den Indianern, die von ihren ersten Trägern solche Bedeutung erhielten, daß sie der Stamm nie aussterben läßt. Diese gehen von einem Menschenalter zum nächsten über und werden nach und nach Häuptlingsbezeichnungen, etwa wie der Name „Ptolemäus" im Stamme der ägyptischen Herrscher.

Einer meiner Namen, Häuptling Büffelkind, gilt unter den Blut-Indianern der Schwarzfüße, die bei Cardston in Alberta leben, als solch eine Häuptlingsbezeichnung. Der erste Häuptling Büffelkind fiel vor mehr als achtzig Jahren in einem Kampfe im heutigen Montana. Als ich vor Jahren ein Häuptling in diesem Dorfe wurde, gaben mir unsere Kriegshäuptlinge Bergpferd und Schwere-Schilde unter Mitwirkung des Missionars unter den Blut-Indianern, des hochwürdigen Domherrn S. Middleton, den Namen zur Wiederbelebung und Erhaltung.

Ich besitze vier weitere Namen: Nachtwanderer, Schekkiges-Kalb, Hält-das-Feuer und Langspeer. Von diesen ist mir der Name Scheckiges-Kalb der teuerste, weil ich ihn von meiner angenommenen Mutter, Scheckiges-Kalb, der Frau von Tönender-Himmel, erhielt. Sie sind die Eltern des weithin berühmten und auch verlästerten Kriegers Allmächtige-Stimme, der als einzelner seinen Kampf gegen die königliche berittene Schutzmannschaft des Nordwestens zu Ende führte – ein ruhmvolles Blatt in der Geschichte des Nordwestens. Diese außergewöhnliche Frau, Scheckiges Kalb, die Tochter des großen Häuptlings Ein-Pfeil, die bei ihrem Sohne während dessen einzigartiger Belagerung aushielt und ihm durch den Kugelregen Rat und Ermunterung zurief, lebt heute (1928) noch auf dem Ein-Pfeil-Indianer-Schutzgebiet am Entensee in Saskatchewan. Für mich hat ihr Name den Rang eines berühmten Kriegernamens, darum schätze ich ihn so hoch und verehre ihre Mutterschaft an mir.

Die sieben Zauberzelte

Während meiner Kinderzeit war das höchste Ziel eines jeden Indianerknaben, Zaubermann zu werden; denn dieses geheimnisvolle Wesen galt oft mehr im Dorfe als selbst der oberste Häuptling – es ist auch heute noch so. Ein Dorf kann mehrere Häuptlinge und eine ganze Anzahl Berater haben, aber es gibt nur einen Zaubermann, und der behütet die Geheimnisse seiner Sonderstellung eifriger als sein Leben. Der Zaubermann hat ein dreifaches Amt im Dorf: er ist Arzt, Rechtsberater und Priester. Er heilt die Kranken, erteilt Rat und Belehrung in Angelegenheiten des Stammes und über den Gang kommender Geschehnisse und betet für die, die im Sterben liegen – wobei ihm oft durch einen seltsamen geistigen Einfluß, den er ausübt, ganz wunderbare Kuren gelingen.

Ehe ich von einigen unheimlichen Dingen erzähle, die ich den Zaubermann ausführen sah, will ich erklären, wie er im Stamme gewählt wird.

Der Zaubermann hat von jeher seinen Nachfolger selbst

bestimmt. Er wählt einen Knaben von etwa zwölf oder dreizehn Jahren, denn die Ausbildung, die dieser durchzumachen hat, ist lang und anstrengend, sie dauert zehn bis fünfzehn Jahre. Der Erkorene muß außergewöhnliche Eigenschaften des Geistes, des Körpers und besonders der Seele erkennen lassen – meist ist es einer, der unter den Spielgefährten als Führer gilt, dem alles „leicht gelingt" und der ein scharfes Verständnis für Menschen hat. Der Zaubermann geht zu den Eltern dieses Knaben und bittet um ihre Erlaubnis, ihn mitzunehmen und auszubilden. Da dies als höchste Ehre gilt, die einem jungen Indianer zuteil werden kann, überlassen ihm die Eltern ihren Knaben gern und stolz.

Der Zaubermann zieht dann mit seinem Schüler weg und bleibt etwa ein halbes Jahr fort. Er führt ihn hinauf in die Wildnis des Felsengebirges oder an einen abgelegenen Ort auf dem gewaltigen Meer der Ebene und unterrichtet ihn dort während der langen Monate dieser ersten Reise in den Anfangsgründen seines geheimnisvollen Berufs.

Das erste Ziel der Ausbildung ist, das Geistige des Knaben stärker als das Körperliche zu entwickeln – dem Geist die Herrschaft über den Leib zu geben. Dies erreicht der Lehrer dadurch, daß er ihm viele Tage lang nichts zu essen gibt und ihn freiwillig allerlei körperliche Folterungen ohne Zucken ertragen läßt. Wenn der Knabe von der ersten Reise zurückkommt, sieht er anders aus und benimmt sich auch anders als früher; er ist unter seinen Gespielen nie mehr derselbe wie vorher.

Uns Buben schien es immer, als habe ein solcher Knabe irgendein großes Geheimnis gelernt, das er niemandem, auch nicht den Eltern, mitteilt.

Auf späteren Ausflügen in die Berge setzt der Zaubermann die Kräftigung des Geistes fort und fügt nach und nach eine strenge Abhärtung des Körpers hinzu; denn nach seiner Ansicht können ein starker Geist und ein „starkes Herz" (das ist: Mut) nur in einem starken Leibe gedeihen.

Diese Schulung des Willens und des Körpers dauert etwa drei Jahre. Am Schlusse dieser Zeit ist der Körper des

Knaben hart wie Stahl, und sein Wille ist dermaßen erstarkt, daß er die schlimmsten Schmerzen erträgt, ohne sichtbar zu leiden. Der Jüngling benimmt sich nun wie sein Lehrer. Die Bedürfnisse seines Körpers hat er von sich selbst abgelöst, keine körperlichen Empfindungen berühren ihn mehr. Zum Beispiel kratzt er sich nicht, wenn ihn eine Mücke sticht oder wenn es ihn irgendwo juckt; er achtet gar nicht darauf. Das Geistige hat vollkommen die Oberhand errungen über den leiblichen Teil – so erklärt es der Zaubermann. Bald wird er nun auch imstande sein, einzig durch seinen Geist andere Menschen zu beherrschen.

Aber vorher hat er noch eine lange und strenge Schule in der Zaubermacht (Medizin) durchzumachen. Bei dieser „Zauberschulung" lernt er die Kunst der Beschwörung, die Heilkraft der verschiedenen Kräuter, das Erforschen der Zukunft und die „Macht, mit den Geistern in Berührung zu treten" – denn von denen soll der Zaubermann alle Angaben über die Zukunft erhalten.

Der Knabe muß die sieben „Zelte" der Zauberkraft durchwandern, jedes Zelt erfordert ein Jahr Unterricht und vermittelt einen bestimmten Teil der Kunst des Zaubermannes. Für jedes „Zelt" – es heißt Tipi – bereitet sich der Jüngling ein Jahr lang vor, am Ende des Jahres „geht er durch das Zelt". Der Zaubermann baut das Zauberzelt auf und legt alle dazu gehörenden Geräte hinein; dann sitzt er mehrere Tage darin und läßt den Knaben alles ausführen, was er ihm im Lauf des Jahres gezeigt hat. Es ist ähnlich wie die jährliche Schlußprüfung in der Schule des weißen Knaben, wenn auch wahrscheinlich etwas unheimlicher. Wir Buben schlichen uns manchmal von außen an das Zelt heran, und die seltsamen Laute, die wir vernahmen, setzten uns in Schrecken.

Nach den ersten fünf „Zelten" oder Jahren muß der Knabe zwei „Zelte" von „böser Zaubermacht" bestehen, um die Fähigkeit zu erlangen, einen Bann über Menschen zu werfen – sogar, sie durch einen unheimlichen geistigen Vorgang zu töten; dies ist oftmals geschehen, wie ich mit Beweisen zeigen werde. „Böse Zaubermacht" von der Art, die tötet, wird selten vom Zaubermanne angewendet; wenn er es tut, dann nur zu dem Zwecke, den Stamm von irgendeinem Menschen zu befreien, den der Zaubermann als schädlich für das Allgemeinwohl betrachtet. Aber das „Bannen" von Menschen wird noch immer bei manchen Stämmen des Nordwestens angewendet.

Nach Vollendung der Lernzeit wird der junge Schüler der Gehilfe seines Lehrers bis zu dessen Tode, danach übernimmt er die Pflichten des Zaubermannes. Um zu verhindern, daß dieser wichtige Posten einmal unbesetzt bliebe, gibt es immer zwei Schüler, einen, der noch lernt, und einen, der als Gehilfe dient.

Gar oft standen wir Buben in einiger Entfernung vom Zauberzelt und horchten auf das Trommeln der großen „Mitijawin"-Zaubertrommel; und wir hofften im stillen, daß eines Tages der Zaubermann unsere Eltern bitten würde, einen von uns in seine Lehre zu geben.

Man sagte uns, „dort drinnen geschähen geheimnisvolle Dinge". Manchmal sahen wir einen im Lager umhergehen, dem die eine Gesichtshälfte wie geschwollenes Fleisch schlaff über den Kiefer herabhing. Das Unterlid seines Auges zog sich fratzenhaft abwärts, der Mundwinkel hing ganz unten am Rande der Kinnlade. Wir fragten die Mutter, was mit dem Menschen geschehen sei, und sie sagte, „der Zaubermann habe einen bösen Geist in ihn gebannt".

Es gab ein paar alte Frauen im Stamme, die das Werk des Zaubermannes wieder gutmachen konnten. Obwohl sie selbst keinen Bann zu werfen vermochten, verstanden sie, „die bösen Geister herauszutreiben" und den Menschen mit dem verzogenen Gesichte zu heilen. Wir schauten manchmal zu, wenn sie dies taten. Sie nahmen bestimmte Kräuter, taten sie in einen irdenen Topf und stellten ihn auf das Feuer. Dann hießen sie den Leidenden, sich über den Topf zu beugen und die Dämpfe der schwelenden Kräuter einzuatmen. Nach einigen Minuten spürte der Kranke etwas im Munde. Er griff mit dem Finger hinein und zog ein langes Haar heraus, manchmal war es einen halben Meter lang. Dann richtete sich sein Gesicht langsam wieder gerade und nahm die natürlichen Formen an. Woher dies Haar kam, wußte niemand zu sagen. Ein Indianer, der das Ganze durchgemacht hatte, sagte mir, er habe es zwischen dem Gaumen und der Wange gefunden; er meinte, der Zaubermann habe verstohlen ein vergiftetes Haar in seinen Pfeifenstiel getan.

Aber die unheimlichsten und spannendsten Verrichtungen des Zaubermannes waren die Übungen, durch die er „sich mit den Geistern in Verbindung setzte“. Wollte er aus der Zukunft voraussagen – wie etwa ein bestimmtes Ereignis sich gestalten würde – oder auch, um einen Kranken zu heilen, der schon fast im Sterben lag, so führte er im großen Zauberzelt eine Reihe von ungewöhnlichen, feierlichen Handlungen durch, und der ganze Stamm durfte zusehen. Ich habe als Knabe oft zugeschaut, und das, was ich dort sah, ist mir noch heute rätselhaft. Ich kenne auch keinen unter den alten Indianern, der es erklären könnte.

Etwa eine Stunde vor einer solchen Zaubersitzung schritt der Ausrufer durch das Lager und verkündete, der Zaubermann „bereite sich vor, mit den Geistern zu reden“. Dies verursachte große Aufregung im Lager. Der ganze Stamm ging beizeiten nach dem Zauberzelt, um einen guten Platz zu erhalten, denn das Zelt faßte nur etwa hundert Menschen, die übrigen mußten außen stehen und konnten bei der unheimlichen Feier nur zuhören. Meine Mutter nahm uns Kinder mit auf die Frauenseite und wickelte uns dicht an sich.

Während wir dasaßen und mit weitoffenen Augen zuschauten, stellte der Gehilfe des Zaubermannes vier Stangen in der Mitte des Zeltes auf und band sie oben nach der Art eines Dreifußes zusammen. Die Fläche unter diesen Stangen hatte etwa vier Meter im Durchmesser. In diesem Raum trieb der Gehilfe mit vier anderen Männern scharfe Pflöcke in die Erde, ungefähr drei Zentimeter auseinander auf der ganzen Fläche. Die Pflöcke waren nach oben derart scharf zugespitzt, daß sie einem Menschen, der sich darauf gestellt hätte, den Fuß durchstochen hätten. Ganz in der Mitte blieb ein kleines Viereck frei, knapp groß genug, daß dort ein Mann stehen konnte. Die einzige Möglichkeit, dies freie Viereck zu erreichen, war, über die scharfen Pflöcke hinwegzuspringen, und das würde, wie es schien, den Tod oder doch schlimme Verwundung bedeuten.

Nun trat der Zaubermann in Begleitung von vier Männern ein. Die Männer zogen ihn bis auf den Lendenschurz aus und legten ihn mit dem Rücken auf die Erde. Sie legten seine Hände aneinander, die Handflächen nach innen gekehrt, und banden mit einem starken, rohledernen Riemen die beiden Daumen so fest zusammen, daß diese manchmal bluteten. Jedes Fingerpaar legten sie zusammen und fesselten es in ähnlicher Weise. Dann nahmen sie die Füße und banden die beiden großen Zehen zusammen, dabei zogen sie den Riemen mit aller Kraft an und knoteten ihn, so fest sie es vermochten.

Nun nahmen sie eine Lederhaut, etwa von der Größe einer Bettdecke, und rollten ihn hinein wie in einen Zigarrenwickler. Um diese Hülle banden sie vom Hals bis zu den Fußgelenken einen starken rohledernen Riemen. In Abständen von drei Zentimetern führten sie den Riemen um den ganzen Menschen, so daß er überall fest verschnürt war. Noch eine Lederhaut wurde darum gewickelt und wieder ein Lederriemen um die bewegungslose Gestalt gebunden. So, hilflos auf der Erde liegend, sah er aus wie eine große braune Zigarre. Buchstäblich keinen Finger konnte er bewegen.

Die Gehilfen hoben jetzt den Zaubermann auf die Füße und brachten ihn auf seinen bloßen Fußsohlen vorsichtig ins Gleichgewicht. Er stand eine Weile wie ein Pfosten. Dann begann er kaum merklich die Knie zu beugen und wieder zu strecken; nach einer Weile wurde jedes Beugen der Knie ein kurzer Sprung. Diese Sprünge vergrößerten sich, bis schließlich die Gestalt mit einer überraschenden Schnelligkeit rund um die vier aufgerichteten Stangen hüpfte. Es sah aus, als hüpfe ein gespensterhafter Pfosten in der Luft auf und ab, so schnell, daß das Auge kaum zu folgen vermochte.

Dann, plötzlich flog er mit einem gewaltigen Sprung, so

rasch ausgeführt, daß niemand sah, wie es geschehen war, durch die Luft und landete dumpf aufschlagend in dem freien Raum innerhalb der spitzen Pflöcke. Er war zwei Meter weit über die gefährlichen Zacken gesprungen und unbeschadet auf der kleinen Fläche gelandet, die gerade knapp Raum für seine beiden Füße bot – wahrlich an sich schon eine bewundernswerte Leistung.

Jedoch der aufregendste Teil der Zauberhandlung hat noch nicht begonnen.

Während der Zaubermann dort in der Mitte unter den Stangen steht, noch immer fest zusammengebunden, beginnt er sein Zauberlied zu singen; der Gehilfe schlägt dazu die große Trommel!

Was ich nun beschreiben werde, mag seltsam klingen. Es ist auch seltsam, doch ich beschreibe genau, was geschieht; wie und warum es geschieht, weiß niemand.

Nach einer Weile – der Zaubermann steht an seiner Stelle und singt sein unheimliches Lied an die Geister – hören wir fremde Stimmen, sie scheinen von oben durch das Rauchloch des Tipis hereinzudringen. Jeder sieht, daß dort oben nichts ist als Nachtluft und Sterne. Woher diese Stimmen kommen, hat noch kein Indianer zu erklären vermocht. Der Zaubermann sagt, es seien die Stimmen der Geister, der Geister, die gekommen sind, um sich mit ihm in Verbindung zu setzen. Das Geheimnisvolle daran ist, daß niemand beweisen konnte, es wäre etwas anderes.

Die Stimmen reden in einer Sprache, die wir nicht verstehen. Sogar der Zaubermann versteht das meiste nicht.

Er weiß nur, daß sie in fremden Zungen reden und daß es nicht die Geister sind, nach denen er sucht. Es gab nur vier Geister, die unser Zaubermann, Weißer-Hund, verstand. Von einem weiß ich noch den Namen, er hieß „Erster-Weißer-Mann". Und diesen Namen hatte unser Zaubermann jahrelang gekannt, ehe unser Stamm wußte, daß es wirklich weiße Männer gab.

Die Stimmen rufen in das Zelt herab, aber der Zaubermann weist sie eine nach der anderen zurück und fordert beharrlich einen der vier Geister, die er versteht. Es dauert manchmal viele Minuten, ehe er erreicht, was er will. Ich erinnere mich an eine oder zwei Sitzungen, wo es ihm gar nicht gelang, seine Geister zu beschwören, und die Zauberhandlung ohne Ergebnis abgebrochen werden mußte.

Kam aber endlich jener Geist, den er suchte, so wurde er äußerst erregt und redete so schnell, daß wir kaum folgen konnten. Es schien, als müsse er sich beeilen, um alles vorzubringen, ehe der Geist wieder schwand. Wollte er einen Kranken heilen, so wurde nun der Kranke, der im Zauberzelte dabei lag, ebenfalls sehr erregt; wir sahen schon solch einen todkranken Menschen aufstehen und umhergehen. Wollte der Zaubermann irgendeine Auskunft, so stellte er seine Fragen in kurzen selbsterfundenen Gleichnissen und erhielt die Antworten von den Geistern auch wieder in dunklen Gleichnissen, deren Sinn uns später erst erklärt werden mußte. Es war zwar unsere Sprache, aber sie war so gestellt, daß wir sie trotzdem nicht verstanden. Dazu war es noch die altertümliche Form unserer Sprache, wie sie vor langer Zeit gesprochen worden war; nur die ältesten Leute verstanden einen Teil der Worte und Wendungen.

Aber was uns Buben an der Zauberhandlung erschreckte, kam erst zum Schlusse der Geisterbeschwörung.

Die Beschwörungen endeten auf mancherlei aufregende Weise, immer aber begleitete den letzten Teil ein heulender Wind, der über das Zelt hinfuhr sowie die Geister zu reden aufhörten. Das große Zauberzelt schwankte und zitterte unter dem Druck dieses Windes. In den Spitzen der Zeltstangen entstand ein Pfeifen und Schreien, daß wir alle vor Angst bebten. Die Aufregung steigerte sich bis zum Höhepunkt. Ein gewaltiger Wirrwarr von Geräuschen kam von oben herab – von der runden oberen Öffnung des Zeltes, wo die Zeltstangen in die Nacht hinausragten. Seltsame Stimmen kreischten ein grausiges Höllenkonzert mit dem Heulen des Windes. Es klapperte und klirrte, wir wußten nicht wovon. Dann, ein plötzlicher Stoß, der durch das ganze Zelt fuhr, ein Aufflackern der Flamme, ein furchtbarer Schrei des Zaubermannes, und dann –

Dann verschwand er vor unseren Augen. Jedoch im selben Augenblick hörten wir ihn um Hilfe rufen. Wir blickten nach der Richtung, aus der das Rufen kam, und sahen ihn halsgefährlich an einem Bein oben am Zelte hangen, nackt wie bei der Geburt. Sein Fuß schien zwischen der Zeltwand und einer Zeltstange eingeklemmt zu sein. Das war das einzige, was ihn dort hielt, daß er nicht herunterstürzte und sich das Genick brach.

„Kokenaitukischpiuwau! – Beeilt euch!“ rief er.

Und die Männer brachten rasch lange Stangen, mit denen holten sie ihn von seinem gefährlichen Pendelsitz am Dache des Zeltes herab.

Wie er dort hinaufkam, weiß niemand; er sagte, die Geister hätten ihn auf ihrem Rückwege dort gelassen. Für uns Buben war das größte Rätsel, wie er alle jene Fesseln abstreifen konnte!

Ich habe bei den Zaubermännern der alten Zeiten wundersame Dinge gesehen. Ich habe gesehen, wie sie Botschaften viele Meilen weit schickten, indem sie in ihr Zelt gingen, sich hinsetzten und die Botschaften nach dem anderen Lager „hindachten“. Es gab eine ganze Anzahl alter Indianer, die fähig waren, solche Botschaften „zu empfangen“. Ich habe gesehen, wie sterbende Menschen geheilt wurden; und ich weiß von ganz genauem Voraussagen der Zukunft.

Damit man nicht meine – ich als Indianer schenkte den Zaubermännern zuviel Glauben, will ich einen Vorfall erzählen, den vor einiger Zeit der Missionar auf dem Schutzgebiet der Schwarzfuß-Indianer erlebte. Dieser Missionar, der hochwürdige Domherr Stocken, der noch heute die Indianermission auf dem Schutzgebiet der Schwarzfüße bei Gleichen in Alberta innehat, hatte immer angezweifelt, was die Indianer von den seltsamen Taten ihrer Zaubermänner erzählten. Und er hatte jahrelang vor diesen Indianern gegen die Zauberhandlungen gepredigt und ihnen seine eigenen Zweifel an ihrer Wirksamkeit mitzuteilen versucht. Aber dieser ehrwürdige Herr hat mir und einigen anderen Indianern zugeben müssen, daß er das folgende Ereignis, das sich vor seiner Tür abspielte, noch immer nicht fassen vermöge.

Eines Tages vor mehreren Jahren, als der Domherr im Studierzimmer bei der Vorbereitung einer Predigt saß, wurde an die Tür geklopft. Er öffnete, und vor ihm stand der berühmte Schwarzfuß-Häuptling Krähenschuh.

In der Sprache der Schwarzfüße, die der Domherr fließend spricht, fragte er den Häuptling:

„Hallo. Was führt dich her zu mir?"

„Ich möchte, daß du ein Bild von mir machst."

Dem geistlichen Herrn schien das sonderbar, denn er war es gewohnt, daß jeder Indianer sich weigerte, eine Aufnahme von sich machen zu lassen – aus Aberglauben.

„Warum denn? Warum soll ich ein Bild von dir machen?" fragte er erstaunt.

„Ich werde sterben", erwiderte Krähenschuh mit Gleichmut, „und ich möchte, daß meine Leute ein Bild von mir haben."

„Du wirst sterben?"

„Ja, Mittwoch früh."

„Wer sagt, daß du sterben wirst?"

„Ich komme eben von einem Besuch bei den Krie oben am Rothirschfluß. Ihr Zaubermann hielt eine Zauberbesprechung und sagte mir, ein Geist habe einen vergifteten Pfeil durch mich geschossen, und ich würde Mittwoch früh sterben."

„Du bist einfältig, solch einen Unsinn zu glauben. Geh heim und denk nicht mehr daran. Du wirst nicht sterben."

„Doch, ich werde sterben, und ich möchte ein Bild machen lassen, damit meine Leute eine Erinnerung besitzen."

Krähenschuh sprach mit solcher Bestimmtheit, daß der Domherr nicht wußte, was er tun sollte. Er versuchte jede Art von Überredung, um dem Häuptling den Spruch des Krie-Zaubermannes auszutreiben und ihn nach Hause zu schicken; aber der Häuptling stand fest und ließ sich nicht bewegen. Also, um ihm seinen Wunsch zu erfüllen, holte der Domherr schließlich die Kamera und machte eine Aufnahme von ihm, wie er in der Tür des Missionshauses stand – eine prachtvolle Gestalt, fast zwei Meter hoch in seinen Mokassins, das schwarze Haar fiel in zwei schimmernden Flechten über das hirschlederne Hemd, die langen sehnigen Arme lagen quer über die Brust gefaltet.

Dann nahm ihn der Domherr bei der Hand und sprach: „Geh nun heim und vergiß alles, was du mir gesagt hast. Nächste Woche fahre ich hinüber und besuche dich."

Aber er kam nicht mehr dazu, Krähenschuh zu besuchen; denn der starb drei Tage später – am Mittwochmorgen.

Eines Tages, als wir am Milchfluß lagerten, ritt einer der Halbblut-Tauschhändler, die oft von Fort Benton in Montana zu Tausch und Handel herauf zu den Indianern kamen, ins Dorf und fragte nach unserem Zaubermann. Er sagte, von den Schnapsfässern, die er nach Norden mitnahm, um sie gegen Büffelpelze einzutauschen, sei während der vorigen Nacht eines gestohlen worden, und er fragte, ob ihm der Zaubermann darüber Auskunft geben könne.

Unser Zaubermann, Weißer-Hund, hielt eine Zaubersitzung, dann sagte er dem Händler, er solle neunhundert Schritte nach Westen gehen und bis zu einem kleinen Wald. In diesem Wäldchen solle er dreihundert Schritte nach rechts gehen, so käme er zu dem „alten Mann". Zwischen den Beinen des alten Mannes würde er seinen Schnaps finden. Der Händler ging genau nach der Weisung. Bei der angegebenen Stelle kam er an einen Baum, zwei mächtige Wurzeln, die aus der Erde hervorstanden, sahen aus wie die Beine eines Mannes. Er suchte zwischen diesen Wurzeln und fand dort sein Schnapsfaß unter der Erde verborgen. Daß der Zaubermann den Baum als „alten Mann" angab, kennzeichnet jene Ausdrucksweise, die ich schon andeutete. Der alte Mann war in diesem Falle ein sehr alter Baum, dessen Wurzeln vom Regen bloßgelegt worden waren.

Häuptling Trägt-den-Kessel

[...] Als wir im Weiterwandern den oberen Missourifluß (in Montana) erreichten, brach das Eis schon auf, und wir beschlossen zu warten, bis die Eisschollen abflossen, um nicht die Pferde und das eigene Leben durch die Schollen des reißenden Stromes zu gefährden. Weißer-Hund und Gehende-Seele wollten uns noch eine Strecke flußabwärts führen und dort einen guten Lagerplatz suchen. Wir mußten „auf der Höhe" wandern, unten am Ufer war die Erde zu sehr aufgeweicht; also stiegen wir wieder auf das südliche Hochufer und zogen langsam ostwärts.

Es war mitten am Nachmittag, als Weißer-Hund sein Pferd anhielt und uns das Zeichen zum Halten gab. Er und Donnergesicht, der Kundschafter, kamen nach rückwärts und sagten, ein großes Indianerlager sei vor uns am Flußufer. Ein Rat der Häuptlinge und Ratsmänner wurde berufen, um zu entscheiden, was wir tun sollten. Aus der Bemalung der Zelte ließ sich nicht erkennen, welchem Stamme das Lager angehörte, jedoch der Rat kam zu dem Schluß, wir hätten bestimmt alle feindlichen Krähenbanden im Westen hinter uns gelassen. Also entschieden sie, diese Indianer zu fragen, wer sie seien, ehe man sich weiter näherte.

Darauf ritt Weißer-Hund hinauf auf den Kamm des Hügels und rief: „Ho-h!"

In der Zeichensprache fragte er sie nach dem Zeichen für ihren Stamm. Sie machten das Zeichen für Großbäuche und nördliche Assiniboine, die ein gemeinsames Lager hielten. Sie fragten auch, wer wir seien. Weißer-Hund machte das Zeichen für Schwarzfüße. Dies schien sie nicht zu befriedigen, denn sie machten das weitere Zeichen: „Welche Schwarzfüße?"

Weißer-Hund und Gehende-Seele wußten nicht sogleich, was sie darauf antworten sollten; denn bei uns befanden sich Leute aus allen vier Schwarzfuß-Banden – den nördlichen und den südlichen Schwarzfüßen, den Blut-Schwarzfüßen und den Piganen. Weißer-Hund war sich nicht sicher, welcher dieser Banden bei den Assiniboine, die zu den nördlichen Sioux von Assiniboia (jetzt Saskatchewan) gehörten und hier am oberen Missouri Fremde waren, als Feinde gelten würden. Er verfiel auf eine List. Er stellte sich aufrecht und machte das Zeichen für Krie, dann ging er einige Schritte nach rechts und machte das Zeichen für Kutenai. Darauf stellte er sich zwischen diese beiden Punkte und zeigte so an, daß wir zwischen den beiden Stämmen lebten. Die Großbäuche und Assiniboine sagten durch Zeichen zurück, sie wüßten nichts von Schwarzfüßen, die zwischen diesen beiden Stämmen lebten, also „müßten wir in Ordnung sein". Und sie luden uns ein in ihr Lager.

Wir ritten hinab und zeigten die vielen Pferde, die wir den Krähen abgenommen hatten. Sie sagten, wir seien gute Krieger. Es freute sie, denn sie waren selbst Feinde der Krähen.

Ehe unsere Krieger abgestiegen waren, schritt der Assiniboine-Häuptling hin und her unter ihnen und musterte die Schilde, die an den Schultern der Pferde hingen. Dann trat er zu unserem Häuptling, hielt ihm die Hand entgegen und sprach: „Es scheint, daß wir nicht Feinde sind. Ich habe mir alle Zauberzeichen auf euren Schilden angesehen, und ich erinnere mich nicht, einem davon in unseren Kämpfen mit den Schwarzfüßen begegnet zu sein." Sie schüttelten einander die Hände, und wir fühlten uns alle sogleich als gute Freunde.

Alle Häuptlinge, Ratsmänner und Zaubermänner der drei Stämme kamen zusammen und hielten einen Rat. Danach schickten sie einen „Ausrufer" durch das Lager und verkündeten, es werde ein großes Festessen und ein „Ich-sah"-Tanz gehalten werden. Beim „Ich-sah"-Tanz erzählen die großen Krieger des Stammes ihre ruhmvollsten Kriegstaten; nach jeder Erzählung fangen die Trommeln an zu schlagen, und der betreffende Krieger gibt den ganzen Kampf handelnd wieder, genau wie er in Wirklichkeit stattgefunden hatte – zu den Rollen seiner Opfer sucht er sich Gegenspieler aus.

Selbstverständlich freuten wir Buben uns ganz besonders auf diesen Tanz, denn in dem gewaltigen Lager befanden sich manche der stolzesten Indianerkrieger der amerikanischen Prärien. Der gefeiertste von allen war der Oberhäuptling der Assiniboine, Trägt-den-Kessel, der damals schon alt war und trotzdem noch weit über die Jahrhundertwende hinaus lebte (er starb erst im Jahre 1923 auf dem Assiniboine-Schutzgebiet bei Sintaluta in Saskatchewan im Alter von hundertundsieben Jahren). [...]

Häuptling Trägt-den-Kessel, als der älteste unter den anwesenden Kriegern, wurde als erster aufgefordert, seine Taten im „Ich-sah"-Tanz wiederzugeben. Nie werde ich die eindrucksvolle Würde dieses gewaltigen Häuptlings der Prärie vergessen. Er, der Held in zahllosen Abenteuern, deren jedes die wildesten Träume beschämen würde, er, der sein Volk in den Krieg führte zu einer Zeit, als Sitzender-Bulle, Krähenfuß und Pfundmacher noch in den Kinderschuhen steckten; und der dennoch lebte bis zum Jahre 1923, da Sitzender-Bulle und die übrigen Häuptlinge des „Frontiers" (des Grenzgebietes zwischen wildem und „zivilisiertem" Leben) nur noch sagenhafte Gestalten der Geschichte waren.

Obwohl Häuptling Trägt-den-Kessel mehr als hundert Männer auf dem Kriegspfade erschlagen hatte, trugen seine Züge einen wahrhaft geistigen Ausdruck, einen auffallenden Glanz menschlicher Güte, der ihm in meinen Augen mehr Größe verlieh als irgendeinem Menschen, den ich jemals sah. Wenn er die blutigen Taten seiner Kriegszüge erwähnen mußte, tat er es mit einem halbverlegenen Ausdruck, als wolle er sich entschuldigen; woran man erkannte, daß es ihm peinlich war. Trotz dieser Laufbahn der Vernichtung war Häuptling Trägt-den-Kessel einer jener Männer, in deren furchtlose Hände man gerne sein Leben legt, wenn man ein ehrliches Urteil und menschliche Güte sucht.

Dieser große Häuptling der Assiniboine war in den alten Tagen auf der ganzen Prärie als Meisterläufer bekannt. Wir hatten oftmals die Mär vernommen, wie er durch seine Schnellfüßigkeit die Blut-Bande der Schwarzfüße wähnen ließ, sie sei von einer großen Schar Assiniboine umringt. Unter dem Schutze der Präriehügel lief er rings um einen

Trupp von Blut-Indianern und tauchte dabei immer in Abständen auf, um sich sehen zu lassen. Durch diese List brachte er die Blut-Indianer zu der Überzeugung, sie seien vollkommen umringt von den Assiniboine, und wendete so zum Sieg, was sonst die gänzliche Vernichtung seiner Handvoll Assiniboine geworden wäre. Wir hatten am Lagerfeuer die Geschichte oft gehört, wie die Assiniboine einmal unseren Stamm durch Schlauheit besiegten. Nun war zufällig der große Häuptling selbst da, um uns das zu erzählen.

Während die Kriegstrommeln leise als Begleitung zu den vier Stammessängern tönten, die in der Mitte des Zeltes saßen und die klagende Weise des „Ich-sah“-Tanzes sangen, erhob sich Häuptling Trägt-den-Kessel, pflanzte den langen befiederten Skalpstock vor sich in die Erde und hielt ihn so mit der rechten Hand. Einige Augenblicke lang stand er schweigend und blickte nachdenklich auf den Skalp, der in der Mitte des Stabes hing. Dann hob er den Kopf, sah hinüber zu den Schwarzfüßen und begann:

„Hanh-h! Ich will euch etwas erzählen, was euch selbst hier unten in eurem Lande geschah, euch, dem Stamme Wee-wintschasta Siehasapa (Blut-Schwarzfüße). Es ist die Geschichte, um die ihr mich gebeten habt – die Geschichte, wie ich euch mit Hilfe meines Laufens überlistete. Ihr kennt sie ja, Schwarzfüße!“

„Agh, agh, agh!“ (ja, ja, ja) stimmten die Schwarzfuß-Krieger zu, neigten sich vorwärts und wendeten die Köpfe, um zuzuhören.

„Dies geschah vor vielen Jahren, als ich ein Häuptling von zweiundzwanzig Wintern war“, fuhr Trägt-den-Kessel fort. „Ich führte meine Leute auf den Kriegspfad, um an den Schwarzfüßen Rache zu nehmen für einen Angriff, den sie kurz vorher gegen uns in Assiniboia ausgeführt hatten. Wir zogen hier herab und hatten den Milchfluß (in Montana) gekreuzt, als wir euch eines Morgens in Sicht bekamen. Ich ritt meinem Trupp ein wenig voraus, mein Bruder Fellschabsel war bei mir, da bemerkten wir vor uns viele Gegenstände in Bewegung. Es war ein dunstiger Morgen, die Gegenstände tanzten auf und ab und veränderten fortwährend ihre Gestalt wie in einem ‚Itowapi' (Luftspiegelung). Wir erkannten nicht, was es war, aber es sah weder wie Büffel noch wie Antilopen aus. Wir hielten an; während ich versuchte, die Gegenstände zu entziffern, sah ich zwei Büffel in etwa zweihundert Meter Entfernung, die langsam, grasend, einem niederen Hügel zustrebten. Mein Bruder wollte einen schießen, damit wir ein Mahl von rohen Büffelnieren hätten, aber ich hielt ihn davon ab. Ich warnte ihn, jene Gegenstände in der Ferne könnten Feinde sein.

Ich bat meinen Bruder, jene Dinge weiter zu beobachten, während ich unter Deckung der beiden Büffel hinaus auf die Ebene kriechen wollte, um den Hügel vor uns zu erreichen, von dem ich einen besseren Blick auf jene eigenartigen hüpfende Dinge haben würde. Nach langem beschwerlichen Kriechen erreichte ich die Höhe des Hügels. Vorsichtig spähte ich über den Gipfel – und zuckte sogleich wieder zurück. Ich kroch herab außer Sicht, schwenkte meine Decke und gab meinem Bruder das Zeichen, daß es der Feind sei, der auf der offenen Prärie einen seiner Tänze aufführte.

Mein Bruder gab das Zeichen nach rückwärts weiter, denn unser kleiner Trupp kam ahnungslos dahergewandert. Sie liefen nun alle zu meinem Bruder und fragten, was es denn gäbe. Ich hörte sie laut reden und versuchte, sie durch Zeichen zum Schweigen zu bringen. Aber ich erhaschte ihren Blick nicht, bis ich schon dicht vor ihnen war. Ich hörte einen meiner Krieger, einen Mann von gutem Rat, sagen, daß ich, der Häuptling, den Kampf nicht aufnehmen werdc, weil unser Trupp so klein sei.

Ein anderer Krieger, ein Mann von großem Munde und schlechtem Rat, bedrängte sie, sich in den Angriff zu stürzen, ohne auf meine Rückkehr zu warten.

Sie bemerkten mich erst, als ich bei ihnen stand. Dann blickten sie auf mich, was ich befehlen würde. Ich sagte, sie sollten aufhören zu reden und eine Strecke zurückgehen, damit wir in Sicherheit einen Kriegsrat halten könnten.

Wir gingen zurück in eine seichte Mulde. Dann fragte der Mann mit dem großen Munde, warum jener andere nicht kämpfen wolle. Ich sagte, ich würde die Frage beantworten, und ich sprach:

‚Ihr stammt alle von angesehenen Eltern, und ich möchte nicht die Verantwortung tragen, daß manche von euch getötet werden. Wir sind nur acht, drüben stehen fast hundert. Euer Häuptling hat gesprochen.'

Dann wendete sich der mit dem großen Munde zu mir und sprach:

‚Wozu sind wir hierhergekommen? Sind wir nicht gekommen, um zu kämpfen? Willst du dich jetzt der Gefahr entziehen?'

Ich antwortete: ‚Nein, das will ich nicht. Ich will, daß ihr alle wie Krieger sterbt – im Kampf, nicht auf der Flucht. Und das werden wir tun. Euer Häuptling hat zum letzten Male gesprochen.'

Der mit dem großen Munde sagte nichts mehr. Ich befahl meinen Kriegern, sich für den Kampf auszuziehen, sich den Körper zu bemalen und sich in der Mulde im Hinterhalte aufzustellen; das übrige sollten sie mir überlassen.

Ihr wißt es, Assiniboine!" rief der Häuptling, sich zu seinen Leuten wendend.

„Hau, hau, hau!" kam die Antwort.

„Dann warf ich die Kleider ab und begann zu laufen", fuhr der Häuptling fort. „Ich lief etwa dreiviertel Kilometer unten in der Mulde, dann stellte ich mich oben auf den Kamm, in voller Sicht vor den Feinden. Sie häuteten eben eine Antilope, und sie sahen mich.

Ihr wißt es, Schwarzfüße!"

„Agh, agh, agh!"

„Rasch sprang ich herab außer Sicht und lief vorgebeugt so schnell ich konnte etwa einen halben Kilometer weiter. Stand wieder oben und blickte herab auf die Schwarzfüße. Ich bemerkte, daß sie sich beobachtet wußten, denn sie hielten alle die Waffen unter den Mänteln verborgen und standen eng beisammen, damit man sie nicht zählen könne.

Ihr wißt es, Schwarzköpfe!"

„Agh, agh, agh!"

„Dann duckte ich mich wieder und lief, diesmal bis zu einer Stelle viele hundert Meter entfernt. Wieder hinauf. Wieder gelaufen. Und wieder hinauf. Dreimal lief ich um sie herum und erschien dabei so rasch jedesmal in Sicht, daß sie glaubten, es seien viele Krieger, die von allen Seiten auf sie herabsähen.

Ihr wißt es, Schwarzfüße!"

„Agh – Ak-sie!" (Ja, bravo!)

„Als ich das letztemal auf sie herüberschaute, kam ich so nahe, daß ich sie ganz deutlich sah. Es waren alles große starke Kerle mit Büffelfelljacken – ich wußte, es waren Blut-Schwarzfüße. Sie begannen nun unruhig zu werden, denn sie meinten, sie seien von den Assiniboine umzingelt. Aber sie waren tapfer und zeigten keine Furcht. Sie begannen ihren Kriegstanz.

Die Sonne stand nicht weit vom Untergang, also lief ich schnell zu meinen Kriegern und sagte ihnen, sie würden bald kämpfen müssen, denn die Blut-Schwarzfüße hätten schon ihren Kriegstanz begonnen. Ich sagte, sie sollten die Manteldecken abwerfen und in der Mulde liegenbleiben, bis ich schösse.

Bald hörten wir, wie die Blut-Bande sich zum Angriff rüstete. Sie wendete sich dorthin, wo ich sie wollte: nach einer Scheinfront, wo ich ihnen vorgetäuscht hatte, daß die meisten von uns lägen. Als sie über den Hügel und an den Ausgang einer neuen Mulde gekommen waren, genau wie ich es mir gewünscht hatte, zielte ich auf den führenden Häuptling und schoß.

Aber wenn ich die Schwarzfüße irregeführt hatte, so hatten sie uns ebenfalls gefoppt. Ich hatte nur zehn Gewehre bei ihnen gezählt, aber jeder einzelne besaß eine Feuerwaffe; sie waren schlau genug gewesen, die meisten unter den Mänteln versteckt zu halten. Sie sandten einen Regen von Kugeln und Pfeilen nach uns. Ich sah einen Pfeil genau auf meinen Bruder zufliegen, der neben mir lag; aber wie ich ihn warnen wollte, vergrub sich der Pfeil schon in seinem Rücken.

Unser Feuer aus dieser unerwarteten Richtung verwirrte die Schwarzfüße derart, daß sie sich nach Südwesten zurückzogen. Sie meinten, wir seien zu Hunderten, und erwarteten, angegriffen und verfolgt zu werden. Aber wir Assiniboine hatten erreicht, was wir wollten: wir hatten unser Leben gerettet und unsere Ehre gewahrt.

Nachdem die Schwarzfüße sich über die Höhe zurückgezogen hatten, stürzten sich alle Assiniboine nach vorn, um den einen, der gefallen war, zu berühren und so die erste, zweite und dritte Auszeichnung zu gewinnen. Dann gaben wir unserem gefallenen Assiniboine, meinem Bruder, an Ort und Stelle die letzten Ehren eines Kriegers. Wir gruben ein rundes Loch und setzten ihn hinein mit dem Gesicht nach der aufgehenden Sonne, wie es bei den Assiniboine Sitte ist.

Wir waren quitt. Wir hatten einen Schwarzfuß ‚genommen', und sie hatten einen Assiniboine ‚genommen'", sprach der Häuptling und sah wieder nachdenklich auf den Skalp in der Mitte seines Stabes. Dann fuhr er in gemessenem Tone fort: „Hier ist der Skalp, den ich von den Euren nahm. Wir sind nun Freunde. Ich gebe ihn euch, bewahrt ihn, bis ihr heimkommt, und gebt ihm dort die Beerdigung eines Kriegers.

Trägt-den-Kessel hat gesprochen. Trägt-den-Kessel hat gesagt, daß wir Freunde sind, solange die Sonne scheint und das Wasser fließt. Trägt-den-Kessel hat nie sein Wort gebrochen.

Ihr wißt es, Schwarzfüße!"

„Agh, agh, agh! – Soka-psi! Akai-soka-psi!" (Ja, ja, ja. Gut! Sehr gut!)

Die Trommeln, die bis dahin leise die Erzählung des Häuptlings begleitet hatten, gingen nun plötzlich zu einem wilden Tanze über. Dann führten der Häuptling und seine Begleiter den berühmten Vorfall, den er eben erzählt hatte, handelnd durch; einige der Blut-Schwarzfüße, die das wirkliche Gefecht mitgemacht hatten, sahen stumm zu. [...]

Büffeljagd*

Nachdem wir mit den Assiniboine und den Großbäuchen den „Ich-sah"-Tanz abgehalten hatten, verließen wir sie am nächsten Tage „mit guten Gefühlen in unser aller Herzen" – wie es unser Häuptling in seiner Abschiedsrede an das Lager ausdrückte – und zogen flußabwärts an eine Stelle, von der uns die Assiniboine gesagt hatten, der Fluß sei dort ohne Schwierigkeiten zu durchschreiten. Wir setzten über den Missouri und wandten unsere Schritte nordwärts, um zu sehen, ob wir in den „Tschinuuk Winden" Büffel fänden. [...]

Einige Tage später fanden wir auf unserem Zuge nordwärts einen „Büffelstein", und wir beschlossen, an der Stelle einen Büffeltanz abzuhalten, ob er uns Glück brächte auf unserer Suche nach diesen Tieren. Der Büffel wurde mit jedem Tage seltener auf der Prärie des fernen Nordwestens, und dabei war das hier oben schon seine letzte Zuflucht vor dem Abschlachten, das in den südlicheren Prärien gegen ihn wütete. Wir wußten selbst wenig von jenem Land im Süden, aber durch die vereinzelten Halbblut-Tauschhändler, die mit ihren Schnapsfässern zu uns kamen, erfuhren wir mancherlei. Sie boten den Indianern einen halben Liter Schnaps für jedes Büffelfell, das sie brächten; bald hieß ein Büffelfell unter den Indianern nur noch „ein halber Liter Schnaps". Aber unsere Häuptlinge waren sehr gegen dies „Feuerwasser"; sie ermahnten die Krieger, nichts davon anzunehmen, da es „ihre Herzen zerstören und sie zu Feiglingen machen würde."

Früher saßen wir auf der sonnigen Prärie und sahen den Büffeln zu, wie sie zu Tausenden grasten – jetzt mußten wir tagelang wandern, ehe wir einen oder zwei vereinzelte Büffel fanden, die sich scheu in den Mulden verbargen. Manchmal sahen wir bis zu zehn in einer Herde, aber mehr nie. Häuptling Apa-anistau der Pigan-Bande der Schwarzfüße hatte unserem Häuptling gesagt, daß die verängstigten Büffel jenes Jahr hoch im Norden gewintert hätten und daß wir sie finden würden, wenn wir weit genug nach jener Richtung zögen.

Wir Buben mochten den Büffeltanz, weil wir alle daran teilnehmen durften. Der „Büffelstein“ – ein eigenartig geformter roter Stein – war schon immer äußerst selten auf der Prärie. Niemand wußte, woher diese Steine kamen. Man fand sie auf der Prärie, etwa einen Fuß lang und von der ungefähren Form eines Büffels, nur durch die Hand der Natur so gebildet. Immer, wenn die Indianer einen davon fanden, machten sie an Ort und Stelle halt und führten einen Tanz darüber auf, denn der Stein galt als bestimmtes Zeichen dafür, daß Büffel gefunden werden würden. Eine besondere Eigenart des Büffeltanzes war dies: Nahmen mehr Frauen als Männer daran teil, so würden wir mehr Büffelkühe als Bullen finden – und das Fleisch der Kühe galt als das bessere.

Fünf Tage, nachdem wir den Büffeltanz abgehalten hatten – wir waren schon hoch oben im Norden –, bemerkte einer unserer Krieger, Kitsiponista, rechter Hand Büffelvögel, die fortwährend aufflogen und dann wieder in einer Vertiefung verschwanden. Diese Vögel lebten gewohnheitsmäßig in der Nähe der Büffel, sie fanden ihre Nahrung, indem sie den Tieren auf den Rücken saßen und ihnen die Zecken abfraßen. Also machte Kitsiponista unseren Häuptling auf die Vögel aufmerksam, er sagte, nach seiner Ansicht befänden sich dort drüben Büffel.

Der Häuptling hieß uns so lange warten, bis er mit zwei Kundschaftern hinübergeritten wäre, um zu sehen, was hinter jenen Hügeln sei. Nach einer Weile kamen sie aus einer anderen Richtung – von Norden – zurückgesprengt und berichteten, sie hätten die größte Büffelherde seit Jahren gefunden. Die Tiere hätten sie gewittert und zögen nun nordwärts das Tal hinauf.

Der Häuptling befahl sogleich, das Lager zu einer großen Jagd vorzubereiten. Unsere Mütter nahmen die Tragstangen von den Pferden und sagten uns Kindern, wir müßten jetzt auch reiten. Viele Kinder waren noch so klein, daß sie auf den Pferden angebunden werden mußten, und wir größeren setzten uns zu ihnen, um aufzupassen.

Wir hatten an jenen Tagen keine richtigen Sättel, nur Indianersättel, das waren einfache Fellsäcke mit Gras oder Büffelwolle ausgestopft. Solch ein Reitsack war eher ein Kissen als ein Sattel, er hatte keine Steigbügel und wurde einfach mit zwei Lederriemen, die um den Bauch des Pferdes liefen, festgebunden. Unser Zügel bestand in einer langen Schleife von Rohleder, die am unteren Kiefer des Pferdes befestigt war, er sollte nur dazu dienen, das Pferd zurückzuhalten, gelenkt wurde mit den Knien.

Unsere besten Krieger benutzten diese Sättel nicht. Sie sagten, die seien nur für Frauen; sie ritten lieber ohne Sattel.

Alle kleineren Kinder, außer denen in den Tragsäcken, wurden nun auf die Pferde gesetzt; wir Buben mußten sie festbinden, während die Frauen die Büffelmesser hervorholten und für die Jagd wetzten. Wir schoben die Füße der Kleinen unter den Bauchgurt des Pferdes, so daß sie gegen die Seiten des Pferdes eingeklemmt waren, dann banden wir sie noch mit einem Lederriemen fest, so fielen sie nicht herunter, selbst wenn das Pferd trabte.

Die Väter gaben uns eine Anzahl Pferde, die wir von den Krähen erbeutet hatten, und sagten, wir sollten uns Zügel machen und reiten. Als wir aufsaßen, schlugen die Tiere aus und warfen uns ab. Wir kletterten immer wieder hinauf und flogen immer wieder ab, dabei versuchten die Pferde auch gern, uns mit den Hufen eins zu versetzen. Unsere Väter, die schon mit den Flinten aufgesessen waren, riefen uns zu:

„Akakimat! Akakimat!“ – Bleibt fest! Bleibt fest!

Überall hopsten Pferde auf und ab, und überall flogen wir Buben durch die Luft und schlugen mit einem Knurren und einem Lachen auf der Erde auf. Es war ein großer Spaß. Aber die Mädchen begannen uns auszulachen und zu rufen: „Kipitakkieks! Kipitakkieks!“ – Alte Weiber! Alte Weiber! Das ärgerte uns denn doch, „alte Weiber“ genannt zu werden, und wir riefen den Mädchen zurück, sie seien alle nichts als „böse junge Hunde“. Darüber machten wiederum unsere Väter strenge Gesichter, sie sagten, wenn wir nicht aufhörten, solche Ausdrücke gegen unsere Schwestern im Munde zu führen, so würden sie ohne uns davonreiten, und wir bekämen nichts von der Jagd zu sehen.

„Die Mädchen haben ganz recht“, sagten sie, „ihr seid ein Haufen ‚kleine alte Weiber‘, sonst hättet ihr jene fremden Pferde schon eingeritten, während wir am Flusse lagerten.“

Da hatten wir's nun; denn unseren Vätern widersprechen zu wollen, solche Unart wäre uns nie eingefallen. Wir bekamen einen Zorn, und mit dem blieben wir auch auf den Pferden sitzen.

Nachdem sich die Pferde beruhigt hatten, sammelten wir uns in einer Gruppe und banden uns das Haar unter dem Kinn fest; dabei sahen wir noch grimmig hinüber zu den Mädchen, die bei den Frauen standen. Wir blickten zwar grimmig, aber wenn wir zufällig einander ansahen, kam uns doch immer wieder das Lachen, denn unsere Magen hüpften noch von den komischen Streichen, die uns unsere bösen Pferde gespielt hatten. Junger-Adler-Sprecher, der da drüben scheinbar so teilnahmslos auf einem bösartigen kleinen Flintauge saß, war verkehrt heruntergeflogen – vorne über sein Pferd und auf alle viere; da hatte der boshafte Gaul nach ihm gebissen und ihm den ganzen Lendengurt abgerissen, den er jetzt möglichst unauffällig zu befestigen suchte, ohne die Aufmerksamkeit jener bösen kleinen Mädchen zu wecken. Manch ein anderer hatte kleine Blutgerinnsel, Kratzer und Schürfungen zu verbergen. Mir war mein Pferd auf den rechten Mittelfinger getreten und hatte ihn flach wie ein Entenschnabel gequetscht; er war gänzlich gefühllos, aber er blutete stark – er ist heute noch abgeflacht und narbig.

Die Männer lachten untereinander über uns, und als wir losziehen sollten, sagte der Häuptling, so daß alle Mädchen es hörten:

„Kommt, ihr jungen Krieger, reitet vorne mit den Jägern, wir wollen jenen Frauen zeigen, wie man Büffel erlegt.“

Diese Einladung regte uns derart auf, daß wir ganz vergaßen, wie wild unsere Pferde waren, und als wir ihnen mit den Absätzen in die Rippen schlugen, begannen sie von neuem zu bäumen und zu hopsen; aber diesmal saßen wir fest und ritten bald stolz neben den Vätern dahin.

Wir ritten nordöstlich und stießen nach etwa einer Stunde auf die Herde. Die Büffel liefen schon jetzt rasch, aber als sie uns bemerkten, gingen sie in Trab über, der bald ein voller Galopp wurde. Nun trieben auch die Jäger ihre Pferde zum schärfsten Galopp an, sie sprengten mit wilden Rufen auf die Büffel ein, um die Herde zu erschrecken und durcheinanderzubringen.

„Terump, terump, terump" – die Erde zitterte förmlich unter den Schlägen der klopfenden Pferdehufe. Die Jäger zogen sich allmählich in eine lange schräge Linie, die von links die fliehende Herde zu umgehen begannen. Die schweren wolligen Schultern der wütend blickenden Tiere stiegen beim Laufen hoch in die Luft. Ich erinnere mich, daß mir der Gedanke kam, wie es wohl wäre, auf einem von ihnen zu reiten. Wir hörten sie keuchen.

Als wir dicht an die Herde herangekommen waren, zogen wir Buben die Pferde ein und hielten uns hinter unseren Vätern, jede ihrer Bewegungen beobachtend. Wir sahen, wie jeder Jäger vorsichtig eine fette Büffelkuh wählte und dann seine Schnelligkeit vergrößerte, um vor dem Schusse noch so nahe wie möglich heranzukommen. Die meisten benutzten ihre Bogen und Pfeile, und sie zogen die Bogenschnur nicht an, bis sie dicht neben der linken Schulter des Büffels dahinsprengten. Dann, „Flack!" – ein langer, stahlgespitzter Pfeil vergrub sich tief in die zottige Seite des Tieres. Es tat noch ein paar Schritte und schlug dann vornüber, durch das Herz geschossen. Aber die Büffel sterben schwer, sie rollten und brüllten und kämpften eine oder zwei Sekunden, ehe sie vom letzten Todesstoß erbebten und sich steif streckten.

Einer unserer Knaben, Schüttelt-den-anderen, hätte fast das Leben eingebüßt, weil er zu dicht hinter seinem Vater einherritt. Sein Vater, Pitanina, hatte eine fette Kuh gewählt und versuchte, sie von zwei Bullen abzutrennen, zwischen denen sie zum Schutze lief. Einer der Bullen, der schon etwas alt und fett war, wurde so müde, daß er plötzlich stehenblieb, wendete und den Kopf dicht vor Pitaninas Pferd senkte, das hinter seinen Fersen gelaufen war. Das Pferd sprang wild nach links und vermied mit genauer Not, den Büffel anzurennen. Dies erschreckte den Büffel derart, daß er wieder scharf umkehrte, um weiterzulaufen. Dabei stieß er gegen die anderen beiden Büffel und brachte sie irgendwie zu Fall, so daß sich alle drei auf der Erde wälzten. Das Ganze geschah innerhalb einer Sekunde, und Pitaninas Sohn, der dicht hinter ihm ritt, krachte mitten hinein in den Haufen der übereinanderrollenden Büffel.

Es war ein spannender Augenblick: drei Büffel, ein Pferd und ein Knabe, die sich alle miteinander auf der Erde in einem großen Haufen von Wolle wälzten. Schüttelt-den-anderen geriet bei dem Gebalge mit den Büffeln dermaßen in Aufregung, daß er beide Hände tief in die Rückenwolle eines der Tiere schob und sich krampfhaft festhielt.

Im Nu stand der Büffel wieder auf den Füßen und lief wild davon, während der Knabe, die Hände tief in der Wolle verkrampft, ihm auf dem Rücken saß. Einige Jäger sahen dies und sprengten dem erschreckten Büffel nach. Er lief über einen halben Kilometer, ehe sie nahe genug kamen, um es zu wagen, ihm eine Kugel in den Kopf zu jagen.

Viermal schossen sie ihn, ehe er mit einem furchtbaren Krach zur Erde stürzte; dabei wurde der junge Schüttelt-den-anderen mit solcher Wucht zu Boden geschleudert, daß er besinnungslos liegenblieb. Er kam bald wieder zu sich und war zwar schlimm erschreckt, aber nicht verletzt. Nach diesem Vorfall gaben wir Buben ihm einen neuen Namen in der Sioux-Sprache. Wir nannten ihn Wahsuk-Kiena – Fallender Schnee –, weil er so weit gefallen war und die Erde so sanft berührt hatte.

Wegen dieses Unfalls wiesen die Väter uns Buben nach rückwärts, während sie weitersprengten, um womöglich noch die wenigen übriggebliebenen Büffel zu erledigen.

Als wir nach der Stelle zurücktrabten, an der die Jagd begonnen hatte, waren die Frauen schon fleißig mit ihrem Teil der Büffeljagd beschäftigt. Sie knieten auf der Erde und häuteten und zerlegten die Tiere. Jede Frau erkannte an den Pfeilen, welche Büffel ihr Mann geschossen hatte. Denn jeder Indianer bemalte seine Pfeile nach einer besonderen Art, so daß leicht festzustellen war, was er geschossen hatte. Hatte er einen Büffel mit der Kugel geschossen, so wendete er und warf einen Pfeil auf das tote Tier, damit seine Frau erkennen würde, daß es ihm gehörte.

Der junge Sohn unseres verstorbenen Zaubermannes saß auf seinem Pferde unter uns Buben. Er trug auf dem Rücken einen Köcher voll von Pfeilen seines toten Vaters, die ihm die Mutter zum Spielen gegeben hatte. Eine der Frauen kam herüber zu diesem Knaben, nahm einen von Weißen-Hunds Pfeilen aus dem Köcher und schritt wieder hinaus auf die Prärie. Sie zog den Pfeil ihres Mannes aus einem Büffelbullen und steckte den Pfeil Weißen-Hunds in das Loch. Sie sagte niemandem etwas, doch später sahen wir Weißen-Hunds Witwe neben dem Tiere hocken – und es abhäuten – sie schluchzte dabei leise.

[...] Wir kehrten zurück an die Stelle, wo wir die alten Männer und Frauen gelassen hatten; dort waren wir mehrere Wochen lang beschäftigt, das Fleisch und die Büffelfelle zu trocknen und Pemmikan für den Winter zuzubereiten. Die Männer nahmen die besten Stücke des Fleisches, die Brüste, und verteilten sie unter den alten Leuten, wie es in jenen Tagen Brauch war. Unsere beliebteste Speise war damals Büffelhirn und Nieren, wir machten ein Festessen daraus. Das meiste Fleisch verzehrten wir roh; brieten wir es, so hielten wir es nur am Ende eines Stockes über das Feuer.

Immer wenn wir viel frisches Büffelfleisch gegessen hatten, kam uns ein Verlangen nach Saskatunbeeren – unser einziges Obst – oder wilden Rüben, fast das einzige Gemüse, das wir kannten; manchmal fanden wir noch auf der inneren Hochebene des nördlichen Felsengebirges wilde Kartoffeln von der Größe einer Nuß. Wenn wir im Sommer auf der Prärie waren, zu weit entfernt von den Büschen, wo die Saskatunbeere wuchs, schickten uns die

Mütter auf die Suche nach wilden Rüben. Die fanden wir am leichtesten in den Mäusenestern.

Wir gingen mit einem langen Stock über die Prärie und klopften im Gehen auf die Erde. Wo es hohl klang, gruben wir fünf bis zehn Zentimeter tief und fanden dort das Nest einer Feldmaus voll wilder Rüben, alle geschält und fertig zum Essen. Wir nahmen oft einen ganzen Eimer voll aus einem einzigen Nest. Die Mäuse waren äußerst saubere kleine Tiere, und da sie nie in dem Teil des Nestes lebten, wo sie ihre Nahrung aufbewahrten, so waren die kleinen Rüben so sauber und nett verpackt, als hätte sie irgendein sorgfältiger Mensch dahin getan. [...]

Weiße-Stirnen

Die nördliche Siksikau-Bande der Schwarzfüße sagte, die Apekwan – die Hudson-Bai-Gesellschaft[3] – habe eine Handelsniederlassung drüben im Felsengebirge errichtet, wo sie Schießpulver und „Nahrung des weißen Mannes" gegen Büffelfelle austauschte. Da wir von der letzten Jagd viele Büffelfelle besaßen, empfahlen sie uns, dorthin zu gehen und „einen Tauschhandel zu machen". Und unser Häuptling beschloß, dies zu tun.

Als dann am nächsten Tage das Sonnentanz-Lager abgebrochen wurde und alle Stämme nach ihren Jagdgründen zogen, wandten wir uns westwärts nach dem Felsengebirge, dessen Schneespitzen wir schon von den Sonnentanz-Ebenen aus sahen.

Wir Kinder erwarteten mit Spannung die Begegnung mit den Weißen. Bisher hatten wir nur wenige solche Männer gesehen und nie nahe herankommen können, um sie richtig zu betrachten. Und wir brannten darauf zu wissen, wie ihre Knaben aussähen und ihre Frauen, denn diese hatten wir noch nie zu Gesicht bekommen.

---

[3] 1670 vom engl. König mit dem Monopol über Pelze und andere Waren im Gebiet der Hudson-Bai ausgestattet. Nach und nach wurden Teile ihres Gebietes zu kanadischen Provinzen (Alberta, Manitoba, Saskatchewan, Britisch-Kolumbien).

Die meisten Tauschhändler, die wir gesehen hatten, waren Halbblut-Indianer gewesen, wir nannten sie mit dem Sioux-Worte Iti-skada, das heißt „Weiße-Stirn“. Diesen Namen hatten ihnen die Indianer gegeben, weil in ihren braunen Gesichtern die Stirnen immer weiß waren. Das kam wohl daher, daß sie Hüte trugen, und darum die Sonne die Indianerbräune nur dort hervorbrachte, wo die Haut frei blieb.

Wir zogen den Namaka entlang, bis wir in die Vorberge des Felsengebirges kamen; hier trafen wir mit den Suksisioketuk-Indianern – der Felsengebirgsbande der Assiniboin – zusammen, deren Jagdgründe sich in diesen Vorbergen befanden. Ihr Häuptling Wandert-gegen-den-Wind fragte uns, wer wir seien.

„Wir sind umherstreifende Siha-sapa von der Prärie, unser einziger Feind sind die Okotoks Isahpo – die Stein-Bande der Krähen –“, antwortete unser Häuptling.

Der Suksisioketuk-Häuptling sagte dann:

„Wir kommen nicht mehr herab in eure Prärie, um Büffel zu jagen. Warum kommt ihr in unsere Berge, um unsere Bergschafe, Bergziegen und Riesenelche zu jagen?“

„Unser Fleisch für den Winter“, erwiderte unser Häuptling, „ist schon in jenen Säcken verpackt, die ihr dort bei den Frauen seht (Pemmikan). Wir kommen nicht, um eure Bergschafe zu jagen. Eure Wa-schi-tschu – weißen Männer – wollen wir jagen, von denen ihr die schönen weißen Decken mit den roten und schwarzen Streifen tragt.“

„Ha! Nina-waschtee-waschteedo. Amba wasteetsch, Sihasapa!“ – Oh! Sehr gut – außerordentlich gut. Seid uns gegrüßt, Schwarzfüße, sagte der Suksisioketuk-Häuptling.

Dann lud er unseren Häuptling ein, mit seinen Stammesleuten abzusteigen und sich zu setzen, die Suksisioketuk-Frauen würden uns etwas vom Minni-siha des weißen Mannes – „schwarzen Wasser“, das ist Tee – bereiten. Und während wir tränken, würde er uns von den weißen Männern erzählen.

Wir hatten noch nie Tee getrunken, und wir Buben

mochten ihn gar nicht, er schmeckte bitter. Der Häuptling sagte, die Hudson-Bai-Gesellschaft habe ihnen den Tee für Pelze gegeben, und sie schienen ihn gern zu trinken.

Unsere alten Leute mochten ihn auch.

Uns Buben aber fesselte, was der Häuptling von dem weißen Manne erzählte. Er warnte uns vor seinen Speisen, die Zähne würden uns davon ausfallen. Er erzählte von dem Brot und den Süßigkeiten, die der Weiße aß, dabei zog er die Oberlippe hoch und sagte:

„Wambadaaka – seht – meine Zähne sind gut, und so sind auch die Zähne unserer anderen alten Leute. Aber seht hier“, dabei schritt er zu einem Knaben und zog dessen Lippe hinauf, „die Zähne der Jungen sind nicht gut – zuviel Speise des weißen Mannes. Unsere Leute, wie eure auch, starben sonst nie, bis sie über hundert Jahre alt waren. Nun, da wir anfingen die Speise des weißen Mannes zu essen, sind wir immer krank. Es geht dauernd schlimmer mit uns, bald werden wir alle davon umkommen.“

Der Häuptling ergriff einen Haarschopf auf seinem Kopfe und sagte:

„Pahie – Haar – der weiße Mann hat nichts davon oben auf seinem Kopfe. Sein Schädel ist glatt wie die Nase eines Büffels. Jedesmal, wenn der Indianer ißt, wischt er sich das Fett ins Haar. Der Weiße Mann wäscht sich mit einem schlimmen Zaubermittel – Seife –, das entfernt alles Fett, und davon fällt ihm das Haar aus. Tauscht eure Büffelfelle gegen die Decken und das Schießpulver des weißen Mannes, aber hütet euch vor seinen Speisen, und nehmt auch nichts von dem ‚schlimmen Zaubermittel‘ zum Waschen des Haares.“

Dann wies er mit der Hand nach den hohen Gipfeln der Schneeberge im Felsengebirge und sprach:

„Wir Nakota-Indianer (der Name, mit dem sie sich selbst nennen, er bedeutet ‚Freunde‘) wurden oben auf jenen Bergen erzogen, und die Prärie lag tief unter uns. Die Prärie-Indianer nennen uns ‚das hohe Volk‘. Sie sagen: ‚Die Nakota sind weise wie die Tiere, sie bleiben oben in den hohen Bergen, wo die klaren, gesunden Winde blasen.‘“

„Ho!" Dieser Ausruf kam von einem anderen Suksisioketuk-Häuptling, er stand auf und sagte:

„Wenn auch die Nakota manchmal Furcht in die Herzen der Prärie-Indianer jagen, sind sie nicht weise. Ihr Schwarzfüße seid weise. Wir Nakota, wenn wir hinunter auf die Prärie zu den Feinden gehen, kommen so dahergelaufen –" dabei machte er ein paar Schritte wie ein leichtsinniger Mensch. „Aber ihr Schwarzfüße seid weise. Ihr geht so" – dabei ahmte er einen weichen, geduckten Gang nach – „gerade wie der Kojot", fügte er hinzu und zwinkerte mit dem Auge. „Ihr Schwarzfüße seht alles, aber ihr laßt euch von niemandem sehen."

Unsere Krieger lachten hierüber, und die Nakota lachten mit, wir lachten alle herzlich über die Schlauheit und die Schliche unserer Krieger.

Der Suksisioketuk-Häuptling sagte, wenn wir diese Nacht auf dem flachen Grund jenseits des Flusses lagern wollten, so würde er uns am nächsten Tage eine Anzahl seiner Stammesleute schicken, damit diese uns nach der „Langen Fahnenstange" führten – so hieß bei ihnen die Handelsniederlassung, weil davor eine hohe Stange mit einer Fahne stand. Unser Häuptling nahm den Vorschlag an, und wir schlugen an der angewiesenen Stelle unser Nachtlager auf.

Am nächsten Tag zogen wir nordwärts, begleitet von etwa fünfzig Suksisioketuk-Kriegern. Wir wanderten sechs Tage lang, immer am Rande der Vorberge. Am sechsten Tage hießen uns die Suksisioketuk unser Lager schon am späten Nachmittag aufschlagen; sie wollten einen Boten vorausschicken, um den Leuten bei der Handelsniederlassung unser Kommen anzuzeigen.

Nachdem wir das Lager aufgeschlagen hatten, zogen einige unserer Krieger aus, um nach Ottern zu suchen, die es in jenem Teil des Nordlandes noch recht zahlreich gab. Beim Umherstreifen kamen sie an eine Hütte und sahen sechs langhaarige Menschen mit heller Hautfarbe ein und aus gehen. Die Krieger beobachteten sie und suchten herauszufinden, was es für Menschen wären, denn sie hatten noch keine ähnlichen gesehen. Es waren keine

Indianer und waren auch keine weißen Männer. Einer unserer Krieger, Großes-Dunkel, sagte, es müßten die Frauen der Weißen sein – weiße Frauen! Sie hatten noch nie weiße Frauen gesehen, also stimmten sie alle ein, es müsse so sein.

Aber als sie ins Lager kamen und davon erzählten, sagte ein anderer Krieger, Sonnenkalb, der die Leute auch gesehen hatte, er habe es sich überlegt und glaube nun nicht mehr, daß es weiße Frauen seien; es müßten „irgendwelche andere Menschen sein", meinte er.

Darüber wurde viel hin und her geredet, und es ging so hitzig zu, daß unser Häuptling fürchtete, eine Balgerei würde daraus entstehen. Darum sagte er, die einfachste Art, den Streit zu schlichten, wäre, daß zwei Krieger eine Wette machten und eines dieser „seltsamen Geschöpfe" einfingen; dann würden wir im Lager bestimmen, was es für Menschen seien.

Die Männer stellten jeder fünf Pferde als Einsatz zu ihrer Wette. Als es dann dunkel war, schlichen zehn Krieger, darunter auch Großes-Dunkel und Sonnenkalb, hinüber nach der Blockhütte, überfielen eines der „seltsamen Geschöpfe" und brachten es ins Lager.

Wir saßen am Lagerfeuer und warteten auf sie, laut singend, damit die Leute in der Handelsniederlassung nichts von dem Lärm des Überfalles bemerken würden. Ein erschreckt aussehendes „Geschöpf" wurde an den Rand des Feuers geführt, und Großes-Dunkel rief:

„Seht selbst. Es ist keine Frau!"

Die eine Hälfte meinte, es sei eine Frau, die andere, es sei keine Frau. Das Für und Wider wurde so lärmend, daß einige der Suksisioketuk-Krieger, die ihr Lager etwa hundert Meter weiter aufgeschlagen hatten, davon erwachten; sie kamen herüber, um zu sehen, was es gäbe.

Sie hörten sich den Streit an, dann begannen sie zu lachen. Sie lachten lange weiter, ehe sie uns erklärten, worüber sie lachten. Schließlich sagte einer von ihnen:

„Ihr unerfahrenen Schwarzfüße! Es ist weder eine weiße Frau noch sonst ein Geschöpf, das ihr je gesehen habt. Es ist ein Mann von jenseits des Minni-Tonka", dabei führte er den Arm nach dem Stillen Meere zu.

Es war ein Chinese! Einer der Chinesen, die als Köche für die weißen Goldsucher arbeiteten.

Am nächsten Morgen schickte der weiße Prediger von der Hudson-Bai-Niederlassung einen Boten und ließ ausrichten, er käme zu einem Besuche herüber. Die Suksisioketuk sagten uns, er würde von dem Wakantonka, dem Großen Geiste der Weißen, reden.

Als die Indianer die Nachricht von dem Besuch des Predigers erfuhren, bemalten sie ihre Gesichter und legten ihre schönsten Zauberkleider an. Der Zaubermann packte seine Trommel aus – bald waren wir alle zum Empfang bereit.

Sowie wir den Prediger von weitem kommen sahen, begann der Zaubermann sein Tamtam zu schlagen und eines seiner Zauberlieder zu singen; denn er meinte, das würde den Besucher freuen, der des weißen Mannes „Zauber" und Großen Geist vertrat. Unser Häuptling ging dem Prediger entgegen, er gab ihm die Hand und führte ihn zu unserem Prediger, dem Zaubermanne.

Nachdem sie sich die Hände gereicht hatten, hielt der Prediger eine Rede.

Er sagte: das, was unser Zaubermann vertrete, sei gänzlich wertlos. Er sprach:

„Ich wollte nicht, daß ihr euch so herrichtet. Ich möchte, daß ihr eure Gesichter abwascht und eure Zaubertrommel wegstellt. Es gibt nur einen Gott im Himmel, und ich bin gekommen, um euch von ihm zu erzählen."

Ein Indianer unterbricht nie einen Sprechenden, selbst wenn der den ganzen Tag weiterspräche – dies ist eine alte Höflichkeitsform unter uns Indianern –, also blieb jeder still stehen und hörte zu, während der Prediger von dem Gott der Weißen sprach. Er hielt eine sehr lange Rede.

Er sagte, die Indianer müßten ihre Waffen ablegen und friedlich neben den Weißen leben, die nun in dieses Land kämen.

Als der Missionar seine Rede beendet hatte, stand unser Häuptling auf und antwortete ihm. Er sprach:

„Warum sagst du, wir sollten gut sein? Wir Indianer sind nicht schlecht, ihr Weißen mögt das sein, aber wir sind es nicht. Wir stehlen nicht, ausgenommen, unsere Pferde sind uns gestohlen worden. Wir lügen auch nicht. Wir pflegen unsere Alten und Armen, wenn sie hilflos sind. Wir brauchen das nicht, von dem du uns erzählst."

„Aber", entgegnete der Missionar, „es gibt nur einen Gott, und ihr müßt ihn anbeten."

„Wenn das wahr ist, was du sagst," antwortete unser Häuptling, „dann beten wir Indianer denselben Gott an, dem du auch dienst – nur auf eine andere Art. Als der Große Geist, Gott, die Welt schuf, gab er dem Indianer eine Art, ihn anzubeten, und dem Weißen eine andere, weil wir verschiedene Menschen sind und unser Leben verschieden führen. Der Indianer soll seine Art behalten und der Weiße die seine, alle sollen miteinander Gott huldigen, nicht gegeneinander. Der Indianer sagt dir nicht, wie du Gott dienen sollst. Wir haben es gern, wenn ihr ihn nach eurer Art anbetet, weil wir wissen, daß ihr diese Art am besten versteht."

„Aber der Große Geist, von dem du sprichst, ist nicht derselbe, den wir anbeten", sagte der Missionar.

„Dann muß es zwei Götter geben", antwortete der Häuptling. „Dein Gott machte ein Land für dich jenseits des ‚Großen Wassers'. Er gab euch Häuser, worin ihr lebt, gute Dinge zu essen und rasche Dinge zum Wandern. Er gab dem Indianer das Tipi, in dem er lebt, und den Büffel, der ihn nährt. Aber euch weißen Menschen gefiel es nicht in dem Lande, das euch Gott gab; ihr kamt hier herüber, um das Land des Indianers zu nehmen. Da ihr dies tatet, wie sollen wir wissen, falls wir eurem Gott folgten, daß er uns nicht auch nach dem Tode in euren ewigen Jagdgründen alles nähme?"

„Aber der Indianer muß beten lernen."

„Wir beten doch. Dies ist unser Gebet bei unserem Sonnentanze (Danksagungsfest):

‚Großer Geist, unser Vater, hilf uns, und zeige uns den Pfad der Wahrheit. Halte mich und die Meinen sowie den ganzen Stamm im Pfade Unseres Wahren Vaters, auf daß wir stark und gesund bleiben im Geiste und im Körper. Lehre die Kleinen deinen Pfad gehen. Schaffe auf der ganzen Welt Frieden. Wir danken dir für die Sonnen und das gute Sommerwetter, das du uns wieder gabst. Und wir hoffen, sie werden gutes Gras für alle Tiere bringen und Nahrung für alle Menschen.'"

Während wir so redeten, kam ein Weißer und sagte, die Hudson-Bai-Leute seien bereit, uns zu empfangen, wir sollten nun herüberkommen und unsere Tauschgegenstände mitbringen. Also gaben unser Häuptling und unser Zaubermann dem Prediger die Hand und dankten ihm, daß er gekommen war und mit uns gesprochen hatte. Dann bestiegen wir alle unsere Pferde und ritten die drei Kilometer hinüber.

Auf dem Wege kamen wir an Ställen mit Kühen vorbei. Wir waren noch nie in der Nähe dieser Tiere gewesen, und von dem Geruch wurde uns schlecht. Wir mußten die Hände über die Nasen halten, während wir an den Ställen vorbeiritten. Wir Buben hatten immer gemeint, Kühe müßten stark riechen wie die Büffel, aber sie rochen nun süß wie Milch, und davon wurde uns übel zum Brechen.

Als wir bei der Niederlassung ankamen, traten die Tauschhändler heraus, um uns zu begrüßen. Die weißen Männer kamen heran zu unseren Vätern und begannen mittels eines Dolmetschers, eines Suksisioketuk, eine Unterhaltung mit ihnen. Wir Knaben waren noch nie nahe an weiße Menschen herangekommen; während sie nun mit unseren Vätern sprachen, gingen wir und einige Krieger hinter ihnen vorbei und schnüffelten, was sie wohl für einen Geruch hätten. Sie rochen anders als die Indianer, sie rochen wie jene Kühe, und wir vertrugen den Geruch nicht.

Sie luden uns zu einem Festessen ein. Viele Speisen wurden gebracht, aber wir konnten nichts davon essen. Alles schmeckte so, wie jene Kühe gerochen hatten. In ihrem Tee war Kuhmilch, auf ihrem Brot war Kuhbutter, auf ihrem Kuchen war Kuhrahm. Selbst das Fleisch, das sie uns gaben, war Kuhfleisch. Alles Kuh! Einigen unserer Krieger wurde so schlecht, daß sie hinaus in die Büsche gehen mußten. Wir erinnerten uns, daß der Suksisioketuk-Häuptling gesagt hatte, wir sollten die Speise des Weißen meiden; und wir meinten in diesem Augenblick, schon der Geschmack genüge, um die Indianer abzutöten. Er drehte uns den Magen um, wir konnten nichts darin behalten.

Nach diesem „Festessen", das nicht lange dauerte, begannen die Weißen ihre Sachen hereinzubringen, die sie gegen Büffel- und Hermelinfelle tauschen wollten. Sie brachten viele Dinge, die wir noch nie gesehen hatten: Mehl, braunen Sirup, Brot, Äxte, Werkzeug und so weiter.

Unser Häuptling meinte, der Sirup sei Fett. Als ein Faß davon vor ihm aufgestellt wurde, griff er hinein, brachte zwei Handvoll heraus und rieb es sich ins Haar. Dabei sagte er: „Ah, dies wird gutes Fett für das Haar sein." Wir hielten das Mehl für Schnee und das Brot für einen Baumschwamm – wir hatten wenig Lust, unsere Felle gegen diese Dinge zu vertauschen.

Was unsere Krieger wollten, war Pulver und Blei für ihre Flinten. Sie fragten fortwährend danach, aber die Händler schleppten immer wieder andere Sachen heraus. Schließlich fragte einer unserer Krieger den Suksisioketuk-Dolmetscher, wo das Pulver und die Kugeln aufbewahrt seien, und der deutete nach einem Schuppen. Darauf sagte dieser Krieger: „Kommt, wir gehen hinüber und zeigen ihnen, was wir wollen."

Alle Krieger gingen hinüber und drängten sich in diesen Schuppen. Ein Weißer war darinnen, der bekam Angst, er meinte, die Indianer wollten Schießbedarf, um das Fort anzugreifen. Er schritt zu einem großen Haufen schwarzen, glänzenden Zeugs, nahm eine Handvoll, reichte sie unserem Häuptling und sprach durch den Dolmetscher:

„Weißt du, was das ist?"

Unser Häuptling antwortete: „Nein, was ist es für ein Zeug?"

„Das ist Schießpulver."

„Schießpulver?"

„Ja, Schießpulver. Überzeuge dich, befühle es." Dabei reichte er es dem Häuptling.

Der Häuptling hielt beide Hände hin und ließ es sich in die Handflächen rinnen. Der Händler sprach, auf den großen Haufen deutend:

„Das ist ziemlich viel Pulver, nicht wahr?“

Der Häuptling nickte mit dem Kopfe.

„Du weißt, daß drei Zentimeter Pulver genug sind, um einen Hirsch zu töten, nicht wahr?“

„Ja.“

„Nun, du kannst dir denken, was geschehen würde, wenn ich den ganzen Haufen ansteckte. Und das werde ich tun, wenn ihr hier Händel anfangt. Ich gebe einen einzigen Schuß und vernichte die ganze Gesellschaft.“

„Tsumahts“, sprach der Häuptling, sich zu dem Dolmetscher wendend.

„Was sagt er?“ fragte der Händler.

„Er will eins von euren Zündhölzern“, sagte der Dolmetscher.

„Wozu?“ fragte der Händler.

„Er sagt, er wolle eine Handvoll Pulver auf den Boden legen und anzünden, um zu sehen, ob es gutes Pulver sei, ehe er dafür seine Büffelfelle gibt.“

Das Gesicht des Händlers wurde aschgrau. Er warf seine Schachtel Zündhölzer dem Dolmetscher zu und rief: „Lauf! Und laß dich von niemandem aufhalten, bis du sie in den Bach geworfen hast!“

Aber ehe der Suksisioketuk etwas sagen konnte, hob unser Häuptling die Hand nach dem Dolmetscher und sprach mit einem leisen Kichern:

„Bleib! Sag dem weißen Manne, daß der Schwarzfuß auch gern einmal einen kleinen Witz macht. Sag ihm, wenn der Schwarzfuß auf den Kriegspfad geht, zieht er die Kleider aus und bemalt sich. Nun soll er uns sagen, wieviel Pulver er für jeden Büffelpelz geben will – und Decken möchten wir auch einige.“

Mit einem kümmerlichen Lächeln sprach der Händler:

„Wir hörten gestern abend, daß ihr plündernde Indianer wärt. Einige Goldsucher erzählten, ihr hättet ihr Kochhaus ausgeraubt. Aber es scheint wohl ein Irrtum zu sein.“

Da lachte der Suksisioketuk-Dolmetscher und erzählte

dem Händler, was mit dem chinesischen Koche geschehen war. Der lachte lange über diesen heiteren Vorfall. Dann sprach er:

„Nun hab' ich den ganzen Haufen Schießpulver umsonst hier herausschaffen lassen. Kommet her mit euren Fellen, Freunde, wir wollen einen guten Handel miteinander machen."

Als wir die Niederlassung verließen, besaßen wir genug Pulver, um alle Tiere auf der ganzen Prärie zu schießen. Jedes freie Pferd war mit Pulver und Blei und Decken beladen. [...]

Wilde Pferde*

Mit dem ersten Hauch des Frühlings brachen wir das Lager ab und zogen südwestlich in die Richtung der Hochebene zwischen dem Felsengebirge und dem Kaskadengebirge. Auf dieser Hochebene streifen seit hundertundfünfzig Jahren die gewaltigsten Herden von wilden Pferden. Einige hundert davon sind noch immer dort, obwohl jeden Sommer seitens der Regierung von Britisch-Kolumbien Versuche gemacht werden, sie auszurotten. Auf diese Pferde hatten wir es abgesehen, sie sollten uns diejenigen ersetzen, die wir durch den Sturm verloren hatten.

Wir stießen auf die Herden in der Jahreszeit, wo sie am schwächsten sind. Wenn nämlich im Vorfrühling die Pferde das erste grüne Gras gefressen haben, macht sie ein heftiges Abführen schwach, und sie können nicht so schnell laufen. Da diese wilden Geschöpfe schon jedes zahm gezogene Pferd zu Tode rennen, ist es ein doppelt schwieriges Unternehmen, sie zu Fuß fangen zu wollen. Aber wie Wölfe sind auch wilde Pferde sehr neugierig, sie gehen einem oft meilenweit nach, rein aus Neugierde. Verfolgt man sie, so machen sie bestimmt im Davonlaufen eine Schleife, um zu sehen, was eigentlich los sei, wie die Verfolger aussehen und was sie wollen.

Die großen Waldwölfe verhielten sich ähnlich, während wir durch das Nordland zogen. Sie trotteten den ganzen

Tag hinter uns drein. Hielten wir an, so blieben sie auch stehen, standen bewegungslos und starrten uns an, den einen Fuß gehoben. Sobald wir weitergingen, folgten sie wieder mit. Wenn wir sie anschrien oder sonst ein Geräusch machten, sprangen sie zurück und verbargen sich hinter dem nächsten Busch. Sie blieben nun außer Sicht, aber wenn wir zurückblickten, sahen wir sie aus dem entferntesten Gebüsch hervorspähen.

Wir Kinder hatten Angst vor ihnen, aber unsere Väter sagten, wir brauchten uns nicht zu fürchten, die Wölfe würden uns nichts tun, sie seien nur neugierig; allerdings könnten sie, wenn sie uns den ganzen Tag begleiteten, während des Nachtlagers ein paar unserer Hunde abfangen. Also erhielten wir Buben, die hinterherwanderten, den Auftrag, die Wölfe fortzuscheuchen, ehe wir an das Nachtlager kamen. Wölfe fressen Hundefleisch lieber als irgendein anderes Fleisch, obwohl ein Wolfsrüde nie eine Hündin angreift.

Die wilden Pferde zogen immer vor uns her, aber sie kehrten manchmal auf der eigenen Spur um und kamen von der Seite oder von hinten heran, um uns zu beobachten. Diese nie befriedigte Neugierde machte es uns möglich, sie zu Fuß einzufangen.

Unsere Männer gingen wie folgt ans Werk: Nachdem sie eine Herde von Pferden entdeckt hatten, liefen sie ihnen ganz unauffällig einige Stunden und auch Tage nach, ehe sie sonst irgend etwas zum Eintreiben der Tiere unternahmen. Dies geschah, um die Pferde an uns zu gewöhnen und ihnen zu zeigen, daß wir nichts Böses gegen sie beabsichtigen.

Wir hatten fünf Tage lang frischen Pferdedung verfolgt, ehe wir endlich unsere erste Herde zu Gesicht bekamen – oben in der ausgedehnten Couteau-Hochebene im mittleren Britisch-Kolumbien. Da sahen wir sie: eine Herde von fünfhundert Pferden, nebeneinander grasend, an den Hängen eines zackigen kleinen Berges auf dem Tafelland. Ihre raschen, lebhaften Bewegungen, einem Hirsche ähnlicher als einem Pferde, zeigten, daß sie feurige Tiere waren, die bei dem geringsten Anlaß in die Ferne huschen würden wie ein Schwarm wilder Vögel. Ein großer stahlgrauer Hengst war dabei, der graste abseits von den anderen und machte von Zeit zu Zeit die Runde um die Herde. Unsere Krieger erkannten diesen eisenfarbenen Kerl mit der Silbermähne als den, der die ganze Herde beherrschte; sie richteten darum ihre volle Aufmerksamkeit auf ihn, wissend, daß die Bewegungen der übrigen Herde nur von ihm abhingen.

Als wir bis auf fünfhundert Meter herangekommen waren, begannen unsere Männer kleine Geräusche zu machen, damit uns die Tiere schon aus der Ferne sähen und nicht vor Überraschung in wilde Flucht ausbrächen, wenn sie uns erst in nächster Nähe bemerkten.

„Hoh! Hoh! sagten die Männer mit weicher Stimme. Der stahlgraue Hengst wieherte leise, und die ganze Herde hob die Köpfe hoch in die Luft und stand reglos still, als wäre sie verzaubert; dabei sahen sie mit weit aufgeblähten Nüstern scharf herüber zu uns. Einige Minuten standen sie, ohne einen Muskel zu bewegen. Dann, als wir immer noch näher kamen, suchte uns der gewaltige Hengst abzuschrekken, indem er mit einem tiefen, raspelnden Wiehern gerade auf uns zustürmte.

Andere folgten ihm, sie kamen wie eine brüllende Kriegsbande herangesprengt – wild schwangen sich die Köpfe, die galoppierenden Beine standen weit auseinander, die langen Schweife peitschten die Erde wie Stahlbündel. Aber ehe sie uns ganz erreichten, versteiften sie die Beine und kamen in einer Staubwolke zum Stehen. Sie schauten uns aus der Nähe noch einmal genau an, dann wendeten sie und liefen davon, die übrige Herde hatte schon über den Berg den Rückzug angetreten.

Aber der große Stahlgraue blieb allein eine Weile stehen und forderte uns offen zum Kampfe heraus. Er vergrub die Vorderfüße weit vor sich in die Erde, schüttelte wütend den Kopf und stand dann, um zu sehen, welchen Eindruck seine wilden Possen auf uns machten. Er hüpfte geschmeidig in die Luft um sich selbst herum und drehte sich wie ein Hund, der seinem Schwanze nachjagt. Dann hob er wieder den Kopf, so hoch er ihn recken konnte, und legte den langen silbernen Schweif über seinen Rücken – in dieser

Haltung flammte er uns aus seinen stürmischen, flintfarbigen Augen an. Nachdem er nun seinen Mut, seine Herausforderung und seine erstaunliche Macht als Führer gezeigt hatte, wendete er und trabte davon; so hoch und so leicht flogen seine Hufe, daß man meinen konnte, er laufe auf Luft.

Unsere Krieger lachten und sagten:

„Ah, Ponokamita, eitler Elch-Hund, du bist ein tapferer Krieger. Doch trabe nur und gedulde dich. Wir werden noch auf dir gegen die Krähen reiten."

Fünf Tage lang verfolgten wir diese gewaltige Herde von Pferden; wir zogen langsam hinter ihnen her, wohl wissend, daß sie nicht weitab laufen würden, daß sie uns wie Wölfe beobachten würden, solange wir in ihrer Nähe blieben.

Am fünften Tage hatten sie sich schon derart an uns gewöhnt, daß sie nur langsam davongingen, wenn wir nahe kamen, und im Gehen noch Gras knabberten. Während dieser ganzen Zeit hatten unsere Männer sie mit List zutraulich gemacht. Zuerst murmelten sie nur in ihrer Nähe, nun riefen und tanzten sie schon vor ihnen. Sie taten es, um den Pferden beizubringen, daß die Menschen zwar allerlei Lärm machten und sich auch kriegerisch benahmen, aber sonst nichts Schlimmes taten, daß also den Pferden kein Leids geschehen würde, wenn sie sich näher mit den Menschen einließen.

Nichts schreckt ein Pferd mehr, als wenn etwas lautlos ihm entgegenkommt. Es springt und bricht sich den Hals vor Angst, wenn ein Nagetier leise durch das Gras schleicht oder wenn ein Ast herabfällt; dagegen läßt es einen brüllenden Büffel oder einen stampfenden Eisenbahnzug unbeachtet vorbeiziehen. Der Grund ist der, daß das Pferd dieselbe Art von Mut wie der Mensch besitzt – nämlich den, der sich jeder Art von Übermacht entgegenstellt, solange sie zu sehen, zu hören und zu begreifen ist; dagegen hat es eine abergläubische Furcht vor allem Gespenstischen. Der Berglöwe und die meisten Raubtiere haben eine andere Art von Mut. Ein kleines, unverstandenes Geräusch läßt sie lauernd zusammenkauern, vor einem lauten Geräusch ergreifen sie schleunigst die Flucht. Sie besitzen mehr Vorsicht und weniger Kühnheit als der Mensch und das Pferd.

In der zehnten Nacht unserer Verfolgung machten unsere Männer ihre letzten Vorbereitungen zum Einfangen der Herde. Sie hatten die Pferde in die Nähe einer großen, halb natürlichen, halb künstlichen Umzäunung getrieben, wo mit Baumstämmen die beiden Seiten einer felsenumfaßten Schlucht abgedichtet worden waren. Vom Eingang in diese Umzäunung liefen zwei lange Strauch- und Baumgatter auseinandergehend auf die Ebene. Dieser trichterförmige Zugang griff fast einen Kilometer weit hinaus ins Land und war vorsichtig mit Tannenzweigen überdeckt, um das Künstliche des Baus zu verbergen. Es war eine Wiederholung des alten Büffelpferches, den wir früher zu bauen pflegten, um die Büffel zusammenzutreiben, als diese Tiere noch in großer Zahl über die Prärie streiften.

Die äußere Öffnung dieses Trichters war gut hundert Meter weit. Von dieser Stelle an öffnete sich der Zugang noch weiter; große abgehauene Baumwipfel, Steinblöcke, Baumstämme bildeten noch einige hundert Meter lang ein grobes Gatter. Dies sollte die Herde langsam und unmerklich in den Mund des fest umzäunten Trichters treiben; waren sie einmal eingepfercht, so kamen sie weder hinaus, noch konnten sie sich rückwärts wenden. Sie befanden sich dann in der Falle, es blieb ihnen nichts anderes übrig, als in der Richtung auf das Tor der Umzäunung weiterzulaufen.

Verhaltene Erregung herrschte an diesem zehnten Abend unserer Verfolgungsjagd im Lager; denn dies war der lang ersehnte Abend, der Abend vor der Nacht, in der wir die große, zähe Herde von wilden Pferden einfangen wollten. Niemand legte sich schlafen. Kurz vor Einbruch der Dunkelheit verschwand etwa die Hälfte unserer Männer lautlos aus dem Lager. Nach vorgefaßten Plänen schwärmten sie nordwärts nach links und rechts auseinander und schlichen leise auf die Stelle zu, wo die Herde am Nachmittag verschwunden war. Die ganze Nacht hindurch hörten wir Wolfsrufe; Eiseulen, Nachteulen, Panther riefen klagend durch das geheimnisvolle Dunkel der rauhen Hochebene. Das waren die Zeichenrufe unserer Männer, die einander ihre Fortbewegung kundtaten.

Dann, etwa um Mitternacht, wurde alles totenstill. Wir wußten, daß sie die Herde gefunden und umringt hatten, und daß sie nun, auf dem Bauche liegend, die ersten Streifen der Morgendämmerung zum Beginn des Eintreibens abwarteten.

Einer unserer Unterhäuptlinge, Berg-Elch, ging durch das Lager und gab leise die Befehle: Alle sollten sich an der langen Laufstrecke aufstellen, um die Herde hereinzutreiben. Jede Frau, jeder alte Mensch und jedes Kind im ganzen Lager wurden aufgerufen, sich an diesem Teil der Jagd zu beteiligen. Wir Kinder schlichen mit den Frauen hinüber nach dem Rennweg und legten uns an die Außenseite der Umzäunung; die Männer gingen noch jenseits der festen Umzäunung und verbargen sich hinter den Büschen und Baumstämmen, wo die Gefahr etwas größer war.

So kauerten wir auf der Erde und zitterten lautlos eine Stunde lang oder mehr, bis wir von weitem das „Ho-h! . . . Ho-h!“ vernahmen. Das war der gedämpfte, antreibende Ruf unserer Krieger, der Ruf, den die Pferde seit zehn Tagen vernommen hatten, an den sie gewöhnt waren und von dem sie nichts Schlimmes erwarteten. Darum ergriffen sie nun nicht wild die Flucht, wie sie sonst wohl getan hätten.

Wir Knaben lagen in atemloser Aufregung. Jeder von uns hatte sich schon sein Lieblingspferd aus dieser wunderbaren Herde von Pferden ausgesucht; während wir nun wartend dalagen, war uns wohl ähnlich zumute wie dem weißen Knaben, wenn er im Bette liegt und auf den Weihnachtsmann wartet. Die Väter hatten uns versprochen, daß wir die Pferde, die wir ausgesucht hatten, haben dürften, nun konnten wir es kaum mehr erwarten, sie in die Hände zu bekommen. Meine Wahl war ein schöner gesprenkelter Rotschimmel mit weißen, grauroten und roten Flecken auf Schultern und Flanken, wie eine Steppdecke gemustert. Auf der Stirn zwischen den Augen trug er einen Stern – ich hatte ihm schon einen Namen gegeben, Nehtukski-Kukatos, das heißt in der Schwarzfußsprache Ein-Stern.

Bald hörten wir das ferne Trommeln von Pferdehufen, ein dumpfes Dröhnen, von dem die Erde, auf der wir lagen, zitterte. Dann kam – „Jipp-jipp-jipp, hi-hieh-h-h-" – der Nachtruf des Wolfes aus vielen Richtungen. Das waren unsere Krieger, die einander das Zeichen gaben, um die Herde auf dem rechten Wege zu halten. Aus diesem Gemisch von seltsamen Lauten vernahmen wir, wie die Stuten mit „Wiiiiiih-hauh-hau-hau" ihre kleinen langbeinigen Söhne an ihre Seite riefen, damit sie sich in dem Dunkel und dem Durcheinander nicht verlören.

Als wir das erste laute „Jah! Jah! Jah!" hörten, schlugen unsere Knabenherzen rascher. Wir wußten, daß die Herde nun den äußeren, mit Buschwerk umzäunten Teil des Rennweges erreicht hatte, und daß unsere Krieger aus ihren Verstecken aufsprangen, sich offen zeigten und laut riefen, um die Pferde in ein wildes Jagen zu treiben und sie kopfüber in unsere Falle zu hetzen.

Sogleich folgte ein lautes Donnern von stampfenden Hufen. Pferde schrien und wieherten überall – wie eine große, irrsinnig erregte Menschenmenge. Über allem Getöse von Gebrüll und Hufgeklapper hörten wir ein lautes, volles, tiefdröhnendes Röhren, das wir alle sogleich erkannten und das bei uns Knaben ein leichtes Schauern und leise Angst verursachte. Es klang halb wie das Brüllen eines Löwen und halb wie das Keuchen eines wütenden Bullen. Es war jener gewaltige, stahlgraue Hengst, der furchtbare König der Herde. Wir sahen ihn vor unserem inneren Auge: den langen silbernen Schweif über dem Rücken liegend, die weit auseinandergespreizten Beine gegen die Erde schlagend, und das Tod und Vernichtung sprühende Weiß jener furchtbaren Augen. Wir dachten mit Entsetzen, was geschehen würde, wenn er unsere Herausforderung annähme und, durch das Strauchwerk brechend, sich mitten auf uns stürzte.

Doch da, da kam er, seine wilde Herde anführend; wir hatten nun keine Zeit mehr, über die Gefahr nachzudenken. Unsere Aufgabe war die gleiche wie die aller anderen den ganzen Zaun entlang: Wir mußten stilliegen und warten, bis der Führerhengst an uns vorbei war, dann hatten wir auf die Höhe des Zaunes zu springen und mit aller Kraft und aller Schrecklichkeit, deren wir fähig waren, zu schreien und mit den Armen zu schwingen. Das sollte die verängstete Herde weitertreiben, auf daß sie nicht durch den Zaun brach und nicht umkehrte, sondern mit aller Kraft weiter in unsere Falle lief.

„Terump, terump, terump." Heran kam die stürmende Herde. Wenn wir Buben durch die Sträucher des Zaunes spähten, sahen wir die glatten Rücken im sternenhellen Dunkel auf und nieder wogen wie große Wellen eines aufgepeitschten Wassers. Der furchtbare stahlgraue Hengst führte sie – den Kopf wie ein Pendel von einer Seite zur anderen schwingend. Seine tödlichen Hufe fegten bei jedem Sprung des gewaltigen Körpers einmal rechts, einmal links.

Mitten im Lauf hielt er an und versuchte, die heranjagende Herde zum Stehen zu bringen; aber diese bisherigen Sklaven seiner Launen schlugen und schoben ihn mit unwiderstehlicher Gewalt vorwärts. Er erhob sich von den Knien, und, als wäre er wahnsinnig geworden, schoß er mit den Nüstern in die Luft und wieherte einen furchtbaren Kampfruf gegen alle und alles. Er schien sogar den Sternen zu fluchen. Noch nie hatte er eine Niederlage oder solche Hilflosigkeit gekannt. Die folgsame Herde, die selbst vom Zucken seiner Ohren ihre Weisungen abgelesen hatte, lief nun wild über ihn hinweg.

Ich glaube, wenn in diesem Augenblick eine feste Eisenwand vor ihm gestanden wäre, so hätte sich der Hengst den Kopf daran eingeschlagen. Ich erinnere mich, daß ich im Dunkeln um mich sah und eine passende Gelegenheit zum Entschlüpfen suchte, falls es ihm plötzlich einfallen sollte, sich blind in den ganzen Lärm zu stürzen, der ihn gegen seinen Willen immer weiter trieb. Doch – eben, als ich mich umsah, hörte ich einen pfeifenden Laut – meine Augen rissen sich zurück nach dem Rennweg und sahen gerade noch den stahlgrauen König wie einen riesenhaften Windhund vorbeifliegen. Bei jedem Sprung schrie sein Atem wie eine Riesenpfeife.

Was mag wohl in ihm vorgegangen sein, daß er sich so plötzlich von seiner Herde lostrennte? Er sprang dahin und ließ die anderen Pferde hinter sich wie ein Hirsch ein Rudel Kojoten. Ein paar Augenblicke später donnerte die ganze Herde an uns vorbei. Wir sprangen hinauf auf den Zaun, schrien und schwenkten mit den Armen, unter uns lag ein Nebel von Schweiß und Atem, der uns förmlich in die Nasen stach.

Ich meinte, die Herde würde gar kein Ende nehmen. Noch nie hatte ich so viele Pferde beisammen gesehen. Wir blieben auf unserem Posten, bis es fast Tag war, und immer noch kamen sie vorbei, jetzt zumeist Fohlen, die hinkten und nach ihren Müttern wieherten.

Als wir bei Tageslicht von dem Zaune herabkletterten und nach dem Pferdepferch hinübergingen, war das erste, was wir sahen, vier blutende, bewußtlose Krieger auf Bahren liegend. Es waren vier der besten Reiter unseres Stammes: Kreisendes-Gespenst, Hochjagender-Adler, Wilder-Mann und Wolfsrippen. Unsere Mutter fragte was hier geschehen sei, und jemand deutete nach der Pferdeumzäunung und sprach: „Ponokomita – akai – mahkahpeh!“ (Jenes sehr schlechte Pferd!)

Wir sahen, wie ein Dutzend Männer sich bemühten, jenen wilden, stahlgrauen Hengst unter Leder zu bringen. Der sah jetzt, da seine schwere, mondfarbene Mähne sich kriegerisch um den bläulichen Kopf und die Schultern blähte, mehr einem Löwen als einem Pferde gleich.

Es war hier und dort mit seinem eigenen Blute bespritzt, die Zähne fletschte er wie ein Wolf. Vier Männer waren in die Umzäunung herabgestiegen und hatten versucht, ihm den Lederriemen um den Hals zu werfen. Während die anderen Pferde ängstlich in die fernsten Ecken geflüchtet waren, hatte sich dieses furchtbare Pferdeungetüm mitten unter die Männer gestürzt und sie fast umgebracht, ehe man sie herausziehen konnte.

Es war eine der seltensten Erscheinungen, die man unter Pferden kennt – ein Töter –, ein Tier, das seine Opfer nicht nur mit den Hufen schlägt, sondern auch beißt und zerrt und zermalmt, bis sie tot sind. Man kann hundert Jahre unter Pferden leben, ohne eine dieser gräßlichen Ausgeburten der Pferdewelt zu Gesicht zu bekommen, so selten sind sie. Zwei aus seiner Herde hatte er schon hier in der Umzäunung umgebracht, zwei junge Hengste. Es wunderte uns nun nicht mehr, daß er der Führer war.

Unsere Krieger ließen es nicht auf noch ein Wagnis mit ihm ankommen. Sie standen hoch oben auf dem mehr als zwei Meter hohen Zaun und warfen von dort den ledernen Lasso; jedoch alle Versuche, dies blutgierige Ungetüm am Halse zu fangen, blieben vergebens. Dieser Teufel in Pferdegestalt besaß die Schlauheit eines Menschen. Er stand und verfolgte den Lasso, während er durch die Luft heranflog; dann gerade im Augenblick, als er ihm um den Kopf fallen sollte, zuckte er den zottigen Hals zurück und stand frei, die Vorderbeine weit auseinandergespreizt, in teuflischer Herausforderung aller menschlichen Künste. Keiner unserer ältesten Männer hatte je so etwas gesehen.

Es wurde schließlich beschlossen, ihn mit Feuerbränden in eine Ecke zu treiben und eine Abzäunung zwischen ihm und der übrigen Herde zu bauen, so daß die Männer damit anfangen konnten, die besten Pferde herauszuholen und die anderen laufen zu lassen. Dies taten wir; bis der Abend anbrach, hatten wir zweihundert der besten Reitpferde im ganzen Nordwesten eingefangen und an den Vorderfüßen gefesselt.

Am nächsten Tage begannen unsere Krieger mit der schwierigen Aufgabe, den wilden Pferden die Halfter anzulegen. Sie verfuhren nach der Indianerart, die sehr einfach und zielgerecht ans Werk geht. Vier Männer halten das Pferd an einem starken Lederriemen, der in einer Schlinge um den Hals des Tieres liegt; ein anderer Mann nähert sich langsam dem Kopfe des Tieres, dabei redet er „Pferdesprache“ und macht allerlei sonderbare Bewegungen und Geräusche.

„Pferdesprache“ ist ein tiefes Grunzen, das einen seltsamen Zauber auf das Pferd ausübt, so daß es immer wieder auf kurze Zeit stillsteht. Es klingt wie „Hoh-Hoh" und kommt von tief unten in der Brust. Das Pferd vergißt alle Ungebärdigkeit und steht ein paar Augenblicke lang bewegungslos an der Leine; während es so steht und auf die herannahende Gestalt starrt, schwingt der Mann seine Decke gegen es und ruft „Schuh! Schuh!" Nach einer Viertelstunde solchen Benehmens erkennt das Pferd, daß ihm der Mann nicht schaden will, daß keine seiner Bewegungen und keiner seiner Laute es in irgendeiner Weise gefährden.

Es ist eine sonderbare Tatsache, daß kein ungezähmtes Pferd, ob aus der Pferdezüchtung oder von der offenen Prärie, sich am Anfang gegen ruhige Freundlichkeit erkenntlich zeigt. Es muß zuerst einmal rauh – aber nicht roh – behandelt werden; dann, wenn es den Menschen aus der Berührung kennengelernt hat, wird es am raschesten durch Freundlichkeit und Güte gewonnen.

Wenn nun der Mann den Kopf des Pferdes erreicht hat, kommt die schwierigste Aufgabe, es mit der Hand zu berühren; denn vor der ersten Berührung scheint das Pferd eine Todesangst zu haben. Der Mann macht allerlei Wendungen und Drehungen, bis es ihm nach einigen Minuten gelingt, den Finger auf die Nase des Pferdes zu legen. Dort läßt er ihn eine Weile liegen, bis das Pferd seinen Geruch gewittert hat. Danach legt er einen langen, schmalen Lederstreifen um die Nase des Pferdes, führt ihn hinauf über die Ohren, auf der anderen Seite herab und unten durch die Nasenschlinge; so entsteht eine Art Halfter mit einer Ziehschleife, die sich bei dem kleinsten Ruck des Pferdes festzieht.

Der Riemen ist nicht stärker als ein Schuhriemen, doch nachdem ihn der Mann angelegt hat, lassen die anderen Männer ihre Leine los, und von nun an hält der Mann das Pferd nur an diesem schmalen Lederbande. Das Geheimnis dabei ist dies: sobald das Pferd anzieht, drückt der Riemen auf bestimmte Nerven an der Nase und hinter den Ohren, was entweder betäubt oder stark schmerzt, so daß das Pferd nicht ein zweites Mal zu ziehen versucht.

Mit diesem Riemen in der Hand stellt sich der Mann vor

das Pferd, streichelt ihm über das Gesicht und zischt dabei aus nächster Nähe. Es ist derselbe Laut, mit dem man Hühner verjagt – „Schuh, Schuh!“ –, wohl der letzte Laut, der einem ungeübten Menschen in den Kopf kommen würde, um ein wildes, bösartiges Pferd zu zähmen, aber dennoch das rascheste Mittel, um das Zutrauen eines Pferdes zu gewinnen und ihm die Furcht zu nehmen.

Nachdem der Mann mit den Fingern jeden Zollbreit an Kopf und Hals des Pferdes berührt hat, nähert er sich mit der Hand den Schultern und Flanken. Hier wird das Pferd wieder ein wenig umherhüpfen wollen, aber ein paar kurze Rucke am Riemen bringen es zum Stehen. Es zittert vor Angst, während der Mann langsam mit der Hand über seine linke Seite streicht. Nun tritt der Mann einige Schritte zurück, nimmt die Decke und schlägt damit auf alle Teile, die er mit der Hand berührt hat. Bei jedem Schlag mit der Decke ruft er „Schuh!“

Dasselbe wiederholt er auf der anderen Seite des Pferdes und beginnt dann mit den Beinen. Jedes Bein, vom linken Vorderbein an, muß mit der Hand bestrichen werden, nicht der kleinste Fleck darf unberührt bleiben. Dies ist eine etwas heikle Arbeit, denn die Hufe sind tödliche Waffen. Mehrmaliges scharfes Ziehen am Riemen besänftigt alle Widersetzlichkeit, innerhalb einer weiteren Viertelstunde ist jeder Zollbreit des Pferdes berührt und gerieben worden, sogar der Schweif und die kitzligen Teile am Bauche und zwischen den Beinen.

Nun ist das Einbrechen so gut wie vollendet. Es bleibt nur noch eins: das Pferd daran zu gewöhnen, daß ein Mann auf seinen Rücken steigt und auf ihm reitet. Dies geschieht sehr einfach und dauert keine Viertelstunde.

Der Mann nimmt die Decke und versetzt dem Pferde einige Schläge auf den Rücken. Dann legt er sie leicht auf. Zuerst bäumt sich das Pferd und wirft die Decke ab; noch ein Ruck am Riemen, und es bleibt ruhig. Der Mann holt die Decke und legt sie wieder auf den Rücken. Wahrscheinlich hüpft das Pferd ein- oder zweimal aus dem Wege, ehe es stillsteht. Ist dies erreicht, so tut der Mann die Decke fort, geht langsam an die Seite des Pferdes und legt ihm beide Hände mit einem leichten Druck auf den Rücken. Er drückt langsam stärker, bis er schließlich die Ellbogen auflegt und sich von der Erde hebt. Das Pferd trägt nun sein volles Gewicht, es mag am Anfang ein wenig hüpfen, aber beim nächsten Versuch bleibt es stehen.

Wenn der Mann ein paarmal so mit den Ellbogen auf dem Pferde gelegen hat, zieht er sich langsam immer weiter hinauf, bis er das rechte Bein auf die andere Seite legen kann. Es ist eine seltsame Tatsache, daß Pferde, deren Willen auf diese Weise gebrochen wird, fast nie einen Versuch machen, den Reiter abzuwerfen. Sie stehen vollkommen still; der Mann sitzt ruhig und streichelt eine Weile, dann sucht er leise, es zum Gehen zu bringen. Das Pferd stelzt ganz unbeholfen hierhin und dahin, es ist so benommen und unsicher, daß man meinen könnte, es mache die ersten Gehversuche.

Ein Pferd läßt sich auf diese Weise einbrechen, weil es ein kluges und denkfähiges Tier ist. Ein Huhn hat keinen Verstand, darum läuft es sein Leben lang vor jedem „Schuh!“, das ihm nie etwas getan hat, davon. Es verliert denn auch manch ein Körnlein, das es in aller Ruhe verzehren könnte, wenn es aus der Erfahrung lernen würde wie das Pferd.

Vier Monate später waren wir wieder auf unserer geliebten Prärie im oberen Montana. Jeder Stamm, dem wir diesen Sommer begegneten, beneidete uns um unsere Pferde. Alle wollten wissen, wo wir sie her hatten. Unser Häuptling hat die Geschichte unserer Jagd auf wilde Pferde so oft erzählt, daß sie unter den Indianern dieser Prärien fast zur Legende geworden ist. [...]

Das Büffelfell des weißen Mannes

Als wir jenen Herbst den Milchfluß nah an der Grenze von Montana und den nordwestlichen Territorien erreichten, kamen einige weiße Männer in unser Lager, um mit uns einen Vertrag zu schließen; sie wollten unser Land für Dollarscheine kaufen und uns ein Schutzgebiet mit anderen Indianern geben. Sie sagten, alle Stämme südlich und östlich von uns hätten schon mit den Regierungen der Vereinigten Staaten und Kanadas Verträge geschlossen, lebten nun auf ihren Schutzgebieten und hätten es dort gut. Sie rieten uns auch, unser Umherstreifen aufzugeben und uns an einem Orte niederzulassen. Sie breiteten ihre Dollarscheine auf der Erde aus und sprachen:

„Dies sind die ‚Büffelfelle' – das Geld – des weißen Mannes." (Die Indianer hatten beim Tauschen Büffelfelle als Geld verwendet.) Sie sagten: „Die Sioux-Indianer nennen dieses Geld Masa-ska – weißes Metall –, weil sie wissen, daß sie es für Münzgeld umtauschen können, mit dem man alles kauft, was der Weiße besitzt. Es hat großen Wert, und ihr müßt es von jetzt an verwenden."

Unser Häuptling nahm einen der Dollarscheine in die Hand, das Bild eines Mannes mit einem Kahlkopf war darauf. Er betrachtete unsere Krieger, die neben ihm standen, und sprach: „Wir werden dies Stikikikinasi – Kahlkopf – nennen." Seit der Zeit heißt der Dollarschein unter den Schwarzfüßen „Kahlkopf".

Nachdem der weiße Häuptling sein ganzes Geld auf der Erde ausgebreitet und gezeigt hatte, wieviel er uns für die Unterzeichnung eines Vertrages geben würde, nahm unser Häuptling eine Handvoll Lehm, machte einen Ballen daraus, legte den auf das Feuer und röstete ihn. Die Lehmkugel zersprang nicht. Dann sprach er zu dem weißen Häuptling:

„Nun gib mir eine Handvoll von deinem Gelde, wir wollen es neben dem Lehm auf das Feuer legen. Was dann am schnellsten verbrennt, hat am wenigsten Wert."

Der weiße Häuptling sprach:

„Mein Geld wird am schnellsten verbrennen, weil es aus Papier ist; also können wir das nicht tun."

Darauf griff unser Häuptling in seinen Gürtel und holte einen kleinen hirschledernen Beutel voll Sand heraus. Den gab er dem weißen Häuptling und sprach:

„Gib mir dein Geld. Ich werde das Geld zählen,

während du die Sandkörner zählst. Das, was sich am schnellsten zählen läßt, wird das Mindere sein."

Der weiße Häuptling nahm den Sand, goß ihn auf seine Handfläche, betrachtete ihn und sprach: „Ich würde nicht lange genug leben, dies zu zählen; du aber könntest das Geld rasch zählen."

„Dann", sprach unser Häuptling, „ist unser Land mehr wert als dein Geld. Es wird ewig bleiben. Es wird nicht in den Flammen vergehen. Solange die Sonne scheint und das Wasser fließt, wird dies Land hier sein und wird Menschen und Tieren Leben spenden. Wir können nicht das Leben von Menschen und Tieren verkaufen, darum können wir nicht dies Land verkaufen. Der Große Geist schuf es hier für uns, wir können es nicht verkaufen, weil es uns nicht gehört. Ihr könnt euer Geld zählen und es verbrennen, während ein Büffel mit dem Kopfe nickt; doch nur der Große Geist kann die Sandkörner und die Grashalme auf dieser Prärie zählen. Als Geschenk werden wir euch gern irgend etwas aus unserem Besitz geben, das ihr dann mitnehmen könnt, aber das Land nie."

Der weiße Häuptling sprach dann:

„Ich wurde hierhergeschickt von der Großen Weißen Mutter, die über das ganze Land von Kewatin – dem Nordwind – über den Kisisaskatschewan – Rascher Strom, ein Fluß im Norden – und weiter bis zum westlichen Meer herrscht. Sie ersucht euch, wie eure Brüder im Norden einen Vertrag zu schließen und unter unserer Fahne in Frieden zu leben. Ihr werdet euch nie mit den Blaukitteln – den Amerikanern – vertragen. Wenn sie euch schlecht versorgen, so geht herauf in unser Land. Immer wenn ihr nach Nordwesten schaut und die rote Sonne seht, wird das meine Sonne sein, meine ‚Rotkittel' – die berittene Schutzmannschaft des Nordwestens. Kommt, wann ihr wollt, herüber zu uns, ihr werdet bei uns und euren Brüdern, den Nördlichen Siksikau, gut leben."

Damit endete unsere erste Friedensbesprechung.

Da wir von unseren Winterjagden im nördlichen Felsengebirge reich an Fellen und Pelzen waren, beschloß unser Häuptling, im Spätsommer hinab nach Fort Benton in

Montana zu ziehen, um dort unsere Ware gegen die Ware des Weißen umzutauschen: Pfeilspitzen aus Stahl als Ersatz für die unseren aus Flint, einen größeren Vorrat an Decken, um unseren schwindenden Bestand an Büffelfellen zu ergänzen, farbige Glasperlen als Ersatz für unsere Stachelschweinkiele, Pulver, Kugeln, Gewehre; Messer und Werkzeuge als Ersatz für unsere Knochengeräte; Segeltuch als Ersatz für unsere schweren Tipihäute. [...]

Missionare*

Als wir zwei Jahre später das Winterlager in den Vorbergen des Felsengebirges abbrachen, sagten uns andere Indianer, daß im Nordwesten eine große Siedlungsbegeisterung ausgebrochen sei, und daß die Weißen zu Tausenden in unsere Jagdgründe strömten.

Sollten nun unsere Tage des freien Umherstreifens auf der Prärie bald zu Ende sein? Wohin wir kamen, überall waren die Indianer unruhig. Unsere Häuptlinge und Ratsmänner hielten zahllose Sitzungen, um zu bedenken, was zu tun sei. Sollten wir der fremden Rasse, die sich hereindrängte und unser Land nahm, einen letzten Kampf liefern? Oder sollten wir uns dem Friedensvertrage, den der Häuptling des Schwarzfuß-Volkes, Niokskatos, in Assiniboia mit dem weißen Manne geschlossen hatte, unterwerfen?

Regierungsvertreter des großen weißen Häuptlings kamen schon zu unserem Häuptling und sagten, wir müßten unser Umherziehen aufgeben und unsere Kinder in die Schulen der Missionare schicken, auf daß sie lernten, mit den Händen zu arbeiten und zu werden wie die Weißen.

Überall waren Missionare, die dem Indianer von dem Gott der Weißen erzählten und ihm sagten, er solle sich das Haar abschneiden, die Farbe vom Gesicht waschen und die drollig aussehenden Kleider des Weißen anziehen. Unser langes Haar galt uns als der teuerste körperliche Besitz. Wir brachten jeden Tag über eine Stunde damit zu, striegelten es und flochten es über einem klaren Gewässer, das uns als Spiegel diente.

Und die weißen Missionare sagten auch, wir müßten aufhören, uns die Gesichter zu bemalen. Ein Indianer, der sich nicht bemalt! Das konnten wir uns gar nicht vorstellen. Sie mochten uns ebensogut sagen, wir sollten aufhören zu singen. Wir besaßen für jede Stimmung eine eigene Bemalung. Nie war ein Indianer ohne Gesichtsbemalung. Wenn wir morgens aufstanden, bemalten wir uns je nach unserer Stimmung. Wir waren zornig, friedferig, verliebt, andächtig oder sonstwie – und danach bemalten wir uns das Gesicht, so daß jeder, dem wir begegneten, auf den ersten Blick erkannte, wie wir uns fühlten. Das sparte viel nutzloses Gerede. Als ich ein Knabe war, mochten die Indianer nicht viel reden. Sie gingen gern still umher und dachten dabei. Wir saßen manchmal stundenlang im Zelte, ohne ein Wort zu sagen, und freuten uns dennoch aneinander. Das war eben unsere Sitte, und es tat uns im Inneren wohl.

Wir meinten, der Indianer sähe in den Kleidern des weißen Mannes, mit kurzem Haar und ohne Bemalung, lächerlich aus; ich erinnere mich, daß wir Kinder lachten, wenn wir einen Indianer so sahen. Der Indianer hat nie gut ausgesehen in den Kleidern der Weißen, denn er verwendet keinen Stolz darauf wie auf seine naturgemäße Kleidung, die er sorgfältig pflegte und makellos rein hielt.

Unser ureigener Gott lebte in den Prärien und Wäldern, die wir zutiefst kannten, und die uns nun auf immer genommen werden sollten. Unsere Indianerreligion lehrte uns, daß der Große Geist in allen Dingen lebte: in den Bäumen, den Tieren, den Seen, Strömen und Bergen. Wollten wir uns dem Großen Geist im Gebete nähern, so gingen wir allein hinaus zu den Dingen, in denen er lebte. Nun wurde uns von einem neuen Gott erzählt. Wo dieser lebte, wußte niemand; das machte uns Kinder unruhig. Unsere alten Leute riefen jede Nacht den Großen Geist an, er möge uns helfen und uns die Wahrheit offenbaren.

Wenn wir Buben im Lager umhergingen, trat irgendein alter Krieger, den wir alle als großen Helden der vergangenen Zeiten kannten und verehrten, her zu uns, legte den Arm um unsere Schultern und betete, neben uns herschreitend, laut, daß unsere Zukunft in dieser Zeit von Ungewißheit den rechten Pfad finden möge.

Andere alte Krieger gingen umher im Lager, die Hand über den Mund gehalten, und beteten so für sich.

„Natose, wohin treiben wir? Wo sind unsere Krieger der alten Zeiten? Wo sind unsere Büffel? Natose, sind wir keine Männer mehr?"

Während dieser stürmischen Zeit der Ungewißheit gingen wir Knaben jeden Abend auf einen Hügel, saßen dort im Sonnenuntergang und besprachen alles.

„Unsere Eltern haben uns zu Krieger erzogen", sprachen wir, „und nun will der Weiße jene lächerlichen Kleider auf uns tun und uns die Arbeit der Frauen verrichten lassen."

Unsere ganze Erziehung war durcheinandergeraten. Unsere Religion hatte uns gelehrt, Gutes für Gutes, und Böses für Böses zu geben. Nun sagten die Missionare, wir sollten Gutes für Gutes, und Gutes für Böses geben. „Was bedeutet das?" fragten wir uns. Wenn jemand auf uns schoß und uns nicht traf, sollten wir ihm noch eine Kugel geben, damit er wieder auf uns schießen könne. Wir verstanden das nicht. Was sollten wir mit den Ansiedlern tun, die sich auf dem Lande niederließen, das uns die Regierung zugesprochen hatte? Sollten wir sie bitten, noch mehr von unserem Lande zu nehmen?

Wir konnten uns darüber nicht klarwerden. Manches Mal, wenn die Sonne unterging und es auf dem Hügel kalt wurde, setzten wir uns im zunehmenden Dunkel eng zusammen – saßen nur und dachten. Obwohl wir als Kinder machtlos waren, fühlten wir, wie alle Knaben, eine große Verantwortung für das, was um uns vor sich ging. Wir meinten, wenn unsere alten Leute uns nur kämpfen ließen, würden wir die Lage bald klären. Ich glaube, alle Knaben sind so.

Wir gingen in das Lager zurück und fragten unsere Väter, ob es Krieg geben würde. Und sie antworteten:

„Nein, wir werden Kühe essen." Das hieß, daß wir

versuchen würden, die Speise des weißen Mannes zu essen und den Frieden zu halten. Uns wurde schon schlecht, wenn wir nur von den süßlich riechenden Kühen hörten. Wir waren den starken, ziegenartigen Geruch des Büffels gewohnt, und wir konnten uns nicht vorstellen, daß wir Fleisch essen sollten, das so süßlich und fad röche wie jene Kühe, an denen wir mit zugehaltenen Nasen vorbeigegangen waren.

Kein Umherstreifen mehr

[Um 1895] waren Boten von den anderen Stämmen in unser Lager gekommen, um mit unserem Häuptling geheime Beratungen zu pflegen. Manche Stämme wollten sich erheben und die Weißen von den Prärien vertreiben. Diese Boten ersuchten unseren Häuptling, nach einer bestimmten Gegend zu kommen und dort mit den anderen Stämmen einen geheimen Kriegsrat zu halten. Eine dieser Beratungen fand auch statt. Die Assiniboine und die Schwarzfüße wissen davon, aber der Weiße hat davon nie etwas erfahren. Und weil einige der Hauptbeteiligten noch leben, werde ich auch nicht weiter darüber berichten. Jedoch, wenn eines Tages diese alten Krieger heimgegangen sind, werde ich darüber schreiben und meinen Bericht der Geschichte übergeben. Es wird manch einen überraschen zu erfahren, daß damals der Nordwesten um Haaresbreite dem entging, was wohl das furchtbarste Gemetzel in der Geschichte Amerikas geworden wäre.

Aber es war der Einfluß von Niokskatos, dem obersten Häuptling aller Schwarzfüße, der die anderen Häuptlinge dazu brachte, die Waffen niederzulegen. [...]

Unsere Tage des freien Umherstreifens auf der offenen Prärie waren zu Ende. Wenige Jahre später saßen wir Knaben in einer Missionsschule, lernten das Abc und mit der Hand zu harken. Wie wir uns dabei schämten! Arbeiten zu müssen wie Frauen, wo wir gemeint hatten, wir würden Krieger und Jäger werden wie unsere Väter! Diese

Handarbeit demütigte uns dermaßen, daß wir, wenn wir einen unserer alten Krieger an der Schule vorbeikommen sahen, die Harken hinlegten und warteten, bis er vorüber war.

Ich ging manchmal nachts auf mein Zimmer und lag und dachte an die alten Tage, wo es überall Büffel und viele andere Tiere gegeben hatte... Zu der Zeit hatten viele alte Männer unter uns gelebt, und es war schön bei ihnen gewesen... Dann dachte ich an das, was mir mein Großvater gesagt hatte, als ich ein kleines Kind war. Er hatte gesagt: eines Tages würden die weißen Männer überall auf der Prärie leben. Ich hatte es ihm nicht geglaubt. Er hatte gesagt: sie würden eines Tages alle Tiere vertrieben haben, sie würden überall Zäune errichten, und der Indianer würde immer an derselben Stelle lagern müssen. Ich hatte es ihm nicht geglaubt. Doch nun begann ich einzusehen, daß alles, was mein Großvater gesagt hatte, Wahrheit wurde – und ich dachte mir: ob er es wohl sehen könne?

Der neue Tag ist da und er wird bleiben. Wir müssen lernen, unsere alten Leute stumm sitzen und allein ihre Träume von der Vergangenheit spinnen zu lassen. Unsere Aufgabe ist es zu versuchen, uns der neuen Lebensordnung anzupassen, die der Große Geist für Nordamerika bestimmt hat. Und wir werden dies auch können. Denn uns führt beständig das alte Schwarzfuß-Sprichwort: Mokokitki-ackamimat – sei weise und halte durch.

Häuptling Büffelkind Langspeer – Biographie

Von Häuptling Büffelkind Langspeers weiterem Lebensweg sind nur wenige Fakten bekannt. Seine Kindheit und Jugendzeit, die der 1890 geborene vorwiegend in der kanadischen Provinz Alberta verbrachte, ist eng mit der amerikanisch-kanadischen Reservationspolitik verknüpft. Die

Hälfte seiner Stammesgenossen lebte in dem amerikanischen Staat Montana.

Wie viele Indianerjungen besuchte er ab ca. 1905 eine Missionsschule.

Als Zirkusindianer (Reiter und Lassowerfer in „Buffalo-Bills Wild-West Zirkus") durchreist er nach kurzem Schulaufenthalt die Städte der Weißen, erkennt aber sehr bald das Entwürdigende dieser Zurschaustellung indianischer Kultur. 1909 besteht Langspeer die Aufnahmeprüfung in das Indianer College Carlisle, einer anerkannten Bildungseinrichtung ausschließlich für Indianer im amerikanischen Staat Pennsylvania. Nach dreijährigem Studium bewirbt er sich 1912 um ein „Scholarship", ein Ehrenstipendium an der St. Johns Military Academy von Manlius im Staat New York. 1914 wird er vom amerikanischen Präsidenten Wilson zum Kadetten von West Point ernannt, einer Eliteschule für das amerikanische Offizierskorp. Langspeer scheint der einzige Indianer gewesen zu sein, der jemals diese Schule besuchte.

Als Kriegsfreiwilliger im Ersten Weltkrieg kehrt Langspeer im Range eines Hauptmanns zu seinem Stamm nach Alberta zurück und wird hier zum Häuptling gewählt. Als einer der anerkanntesten Vertreter der Prärieindianer bemüht er sich in Aufklärungs- und Informationsveranstaltungen um die Verbesserung der in Armut und Unterprivilegierung lebenden Indianerstämme. Als Mitarbeiter verschiedener kanadischer Zeitungen fordert er immer wieder eine gerechtere Behandlung durch die Weißen. 1928 schreibt er die hier vorliegenden Erinnerungen, ein Jahr später dreht er in Hollywood einen Indianerfilm. Am 20. März 1932 wird Häuptling Büffelkind Langspeer auf dem Landsitz eines mit ihm befreundeten Minenunternehmers unweit von Los Angeles mit einer Kugel im Kopf aufgefunden.

Die Polizeiakten sprechen von Selbstmord.

Angaben nach H. R. Rieder, Zum Schluß. Häuptling Büffelkind Langspeer erzählt aus seinem Leben. S. 178–186.

Materialien

1. Kindheit und Erziehung

1.1 Kindheit eines Indianerjungen

[...] An dem Tag, als die Büffel kamen, wurde ich geboren. Ein junger Späher unseres Stammes lag hinter dem Hügel auf der Lauer; er sollte es melden, wenn sich die Büffel am Horizont zeigten. Als es soweit war, kam er ins Dorf gerannt und schrie, daß die Herde von einem riesigen Bullen angeführt würde; der sei schwarz von den Hörnern bis zu den Hufen. Da gab mir meine Mutter den Namen Schwarzer Büffel. Meine Mutter hieß Wind-der-Prärie, mein Vater Weißer Felsen. Sie gaben mir noch einen anderen Namen, einen geheimen, den ich dir nicht nennen darf.

Ich wurde in eine Wiege gesetzt, – Tragkorb würdest du dazu sagen, Großes Ohr. Meine Mutter trug sie auf dem Rücken oder hängte sie an den Ast eines Baumes, wenn sie in der Prärie wilde Rüben ausgrub. Im Zelt baumelte meine Wiege an einem Holzpflock, hoch genug, damit mich die Ratten und Hunde nicht anfallen konnten. [...]

Nach fünfzehn Wintern hatte ich gelernt, mit dem Bogen zu schießen, Pfeilen geschickt auszuweichen, weite Strecken zu laufen, ohne zu ermüden, auf ein Pferd im vollen Lauf zu springen, zu galoppieren und mich gleichzeitig an die Flanke meines Reittiers zu pressen, um mich vor Angreifern zu verbergen.

Eines Morgens führten mich meine Eltern zu einem kleinen Floß, das im Flußlauf trieb. Dort ließen sie mich allein, nackt, ohne Wasser, ohne Nahrung. Mein Vater Weißer Felsen, der Kriegshäuptling unseres Stammes, sagte zu mir: „Schwarzer Büffel, mein Sohn, der Stammesrat hat deine Prüfung beschlossen. Du mußt jetzt Mut des Berglöwen haben, die Ausdauer des Bären und die Geduld des Bibers. Rufe die Guten Geister an, sie werden dir eine

Vision schicken. Dann wirst du die Bösen Geister besiegen und mit dem Großen Geist reden."

Drei Tage blieb ich allein, ohne Essen und Trinken, nackt unter der glühenden Sonne des Tages und in der Kälte der Nacht. Mit lauter Stimme rief ich die Guten Geister an – bis der Durst meine Zunge ausgetrocknet hatte. Da flehte ich in Gedanken zu ihnen. Ich wollte tapfer sein, aber mein Herz zitterte: keine Vision zeigte sich, um mich von dieser Prüfung zu erlösen. Und doch hatte ich früher schon Traumbilder gehabt. Ich hatte darüber mit Offene Tür, unserem Medizinmann, gesprochen; er war mir gut gesinnt und hatte mir ein wenig über geheime Dinge erzählt. Aber jetzt kam nichts, gar nichts. Ich wartete verzweifelt. Plötzlich jedoch wurde ich von einer schrecklichen Gewalt geschüttelt und auf die Planken des Floßes geworfen. Ich heulte auf, meine Arme und Beine zuckten wie unter einem peitschenden Sturm. Bald darauf fiel ich in einen todesähnlichen Schlaf. Und dann – dann sah ich einen Büffel durch die Wolken jagen. Er war von einem Vogelschwarm umgeben. Unter seinen Hufen, von denen die Funken stoben, neigten sich drei Halme des Schilfrohrs. Diese Halme verwandelten sich alsbald in ein Wiesel, eine Ente und in einen Vogelkirschenbaum. Da erwachte ich und jubelte laut. Meine Eltern kamen. Sie brachten einen Krug Wasser und eine Handvoll Pemmikan, und führten mich zurück ins Dorf. Ich war erschöpft aber glücklich. [...]

Anie und Michel Politzer, Abenteuer mit dem Schwarzen Büffel. Hamburg: Verlag Stalling AG. 1978, S. 5 und 6. Hrsg. Joel Cuenot.

1.2 Als Weiße bei den Blackfeet

Caddy Colter war die Tochter eines armen Farmers, dessen zahlreiche Kinder ebenso schwer arbeiten mußten wie er selber und die kränkliche, früh gealterte Mutter. Jeden Abend hatte ihr Vater aus dem Alten Testament vorgelesen, sein Gott war kein gütiger gewesen, sondern ein strafender und zürnender, vor dem man Angst haben mußte.

Als Caddy sieben Jahre alt war, ließ sie eines Tages das Gatter der Weide offen stehen, und die kleine Rinderherde brach aus. Aus Furcht vor Schlägen wagte Caddy sich nicht mehr heim. Sie lief davon und irrte tagelang umher, bis eine wandernde Blackfeethorde sie halb verhungert entdeckte und mitnahm.

Einer der Familien war ein Kind gestorben, ein Mädchen, gerade so alt wie Caddy. Caddy wurde ganz selbstverständlich als Ersatz aufgenommen. Im Haus ihrer Eltern hatte sie nie Zärtlichkeiten gekannt, ihre eingeschüchterte, abgearbeitete Mutter hatte nicht gewagt, sich dem strengen Vater zu widersetzen. Im Lager der Blackfeet war da plötzlich eine braunhäutige Frau, die Caddy tröstend an sich drückte und sie streichelte und ihr Lieder vorsang. Caddy erhielt die Puppen und Kleider der toten Tochter. Immer waren andere Kinder um sie, mit denen sie spielen durfte. Ihr neuer Vater setzte sie vor sich aufs Pferd und führte sie stolz allen Verwandten vor. Bald hatte Caddy vor niemandem im Lager mehr Angst.

Sobald sie die fremde Sprache gelernt hatte, hockte sie mit den anderen Kindern am Lagerfeuer und lauschte den Geschichten der Pikuni. Bei den abendlichen Lesestunden im Elternhaus hatte sie sich nicht zu rühren gewagt, denn der Vater strafte, wenn eines seiner Kinder unaufmerksam war. Vor dem Gott des Alten Testamentes hatte sie sich gefürchtet. Den Schöpfergeist der Blackfeet, den Alten Mann Napi, brauchte man nicht zu fürchten. Manchmal trieb er seinen Spaß mit den Menschen, dann wieder ließ er sich von ihnen überlisten. Caddy liebte die Geschichten von Napi.

Sie half ihrer neuen Mutter bei der Arbeit, lernte Büffel abzuhäuten und das Fell zu gerben. Sie betreute kleinere Kinder. Aber immer blieb genug Zeit zum Nichtstun und zum Spielen. Caddy war glücklich.

Nach einiger Zeit merkte sie, daß viele Männer mehr als eine Frau hatten. Und sie lebte noch kein Jahr in der Sippe, als ihr Pflegevater eines Tages eine zweite Frau, die jüngere Schwester seiner ersten, ins Zelt brachte. Caddy war zuerst entsetzt: Mehr als eine Frau zu haben, war eine Sünde. Bald empfand sie es aber als angenehm, daß eine zweite Mutter da war, zu der sie gehen konnte, wenn die erste keine Zeit hatte. Caddy lernte auch einsehen, daß ihre erste Pflegemutter die Arbeit nicht mehr allein bewältigen konnte, vor allem in der Büffeljagdzeit, wenn es so viele Felle zu gerben gab und eßbare Wurzeln und Samen gesammelt werden mußten.

Einmal war ihr Pflegevater mit einer Schar anderer Männer viele Tage lang fort. Als sie zurückkamen, brachten sie eine kleine Herde Pferde mit. Ein Fest wurde gefeiert. Die Männer hatten die Pferde ihren Nachbarn, den Dakotas, gestohlen. Caddy kam wieder in Gewissenszweifel. Stehlen war eine Sünde! Sie fragte ihre Pflegemütter. Die Pflegemütter waren erstaunt. Im Winter hatte die Sippe viele Pferde verloren, da war es doch selbstverständlich, sich Ersatz bei einem feindlichen Stamm zu holen. Caddy dachte lange darüber nach, bis ihr einfiel, daß ihres Vaters Farmland früher Indianern gehört hatte. Ihr Vater hatte oft davon erzählt, wie die Indianer verjagt worden waren. Er hatte nie gesagt, es sei eine Sünde gewesen, ihnen das Land wegzunehmen. Wenn er kein Unrecht getan hatte, konnte der Pferdediebstahl der Pikuni erst recht nichts Böses sein. Als Caddy zu dieser Erkenntnis kam, war sie neun Jahre alt. [. . .]

Käthe Recheis, Der weite Weg des Nataiyu. (Romanauszug, vgl. die Einführung zu 7.2, S. 132.) Wien: Herder Verlag 1978, S. 47–49.

1.3 Indianische Kinderwelt

In den alltäglichen Ablauf von Arbeit und Leben gliederten sich die Kinder bruchlos ein. Es gab – und gibt – für die amerikanischen Ureinwohner keine spezielle „Kinderwelt" gegenüber einer von ihr getrennten und nach anderen Gesetzen funktionierenden „Erwachsenenwelt", ja es gibt in den indianischen Sprachen nicht einmal das Wort „Kind": sie sind die „kleinen Leute", die Erwachsenen die

„großen Leute". Die „kleinen Leute" waren immer dabei. Die Mutter trug das Baby auf dem Rücken oder wickelte es in das „cradleboard", das sie dann während der Arbeit an einen Baum hängte, von wo aus das Kind „die Welt überblicken" konnte. Auch noch heute trennen sich Mütter ungern von den Kindern und lehnen darum z.B. oft Kindertagesstätten ab. Bei indianischen Treffen fiel mir immer wieder auf, wie selbstverständlich es für die Erwachsenen ist, daß dabei Kinder anwesend sind.

„Ich nehme immer meine Kinder mit. Wenn ich sie nicht mitnehmen kann, gehe ich nicht."

Wenn die Kinder größer wurden, gliederten sie sich mehr und mehr in die Arbeitsprozesse der Erwachsenen ein. Dabei hatten sie aber auch genügend Zeit für Spiele und „Sport", ihre Arbeitskraft wurde nicht etwa „ausgenutzt".

Ursula Wolf, Mein Name ist Ich lebe. Indianische Frauen in Nordamerika. München: Weismann Verlag 1979, S. 90/92.

2. Zeichensprache der Indianer und Indianernamen

2.1 Die stumme Sprache auf den Plains

Iron Hawk (Eiserner Falke), ein Häuptling der Sioux, wies darauf hin, daß der Große Geist den Weißen zwar die Fähigkeit zu lesen und zu schreiben verliehen habe, „den Indianern aber hat er die Kraft gegeben, mit Händen und Armen zu reden". Durch Zeichen wie die unten dargestellten konnte ein Prärie-Indianer sich mit einem anderen verständigen, dessen Sprache er nicht beherrschte. Kein System der Zeichensprache hat sich jemals als vielseitiger und ausdrucksvoller erwiesen als das von den Prärie-Indianern entwickelte.

Benjamin Capps, Die Indianer. Nederland 1978 (Time-Life Bücher „Der Wilde Westen"), S. 31.

---

zu Seite 101: *Virginia Luling, Indianer Nordamerikas. Esslingen: J. F. Schreiber (Verlagsgemeinschaft „Der Blaue Punkt") 1979, S. 47.*

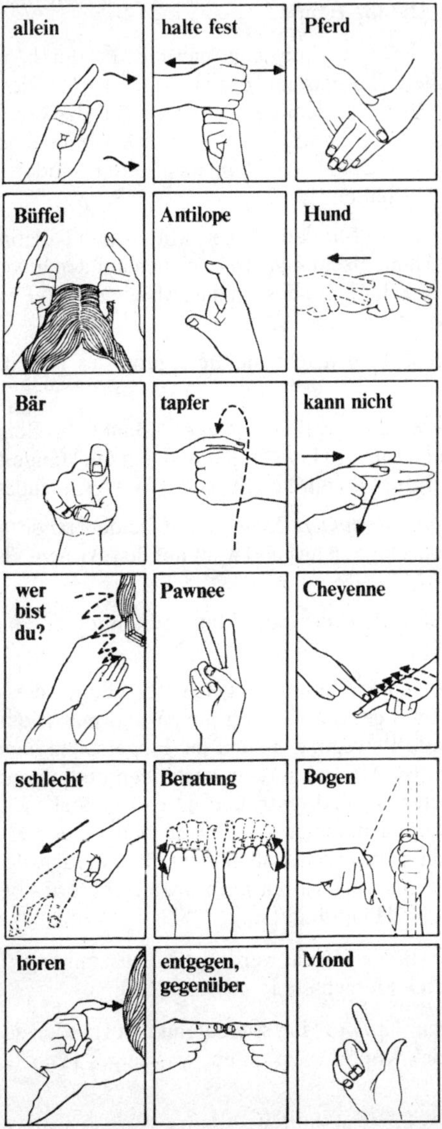
allein
halte fest
Pferd
Büffel
Antilope
Hund
Bär
tapfer
kann nicht
wer bist du?
Pawnee
Cheyenne
schlecht
Beratung
Bogen
hören
entgegen, gegenüber
Mond

2.2 Sprechende Hände

Ein Weißer wird von den meisten Prärieindianern so bezeichnet, daß man mit der Hand quer über die Augenbrauen fährt, um damit anzudeuten, daß der Mann einen Hut trägt. Die Sioux haben dasselbe Zeichen, mit dem Unterschied, daß sie die Hand nicht offen, sondern zusammengeballt halten. [...]

Ein Cheyenne: Mit dem Zeige-, Mittel- und Ringfinger der rechten Hand macht man drei Zeichen auf den linken Arm, nahe der Schulter. Dies ist das Abzeichen und Merkmal der Cheyennes.

Ein Sioux: Man macht die Bewegung des Halsabschneidens.

Ein Pawnee- oder Wolf-Indianer: Man hebt Zeige- und Mittelfinger jeder Hand empor und legt die Hände dicht an den Kopf, um damit die Ohren des Wolfes anzudeuten.

Ein Krähen-Indianer: Man breitet beide Hände mit den Fingern nach oben aus und weht mit den Armen, als wären sie Flügel.

Ein Schwarzfuß-Indianer: Man reibt mit der Hand den Spann des Fußes.

Ein Häuptling: Man streckt den Zeigefinger der rechten Hand etwas gekrümmt nach außen und macht eine halbkreisrunde Bewegung, indem die Fingerspitze nach unten gerichtet ist. Man zeigt dann nach oben und unten, deutet also hoch und niedrig an und gibt zu verstehen, daß der Häuptling zu befehlen habe. Daneben ist es bei einigen Stämmen auch üblich, daß man mit der Hand ins Kopfhaar faßt und den Haarschopf nach oben zieht. Dies bedeutet: Ich bin der Häuptling! [...]

Freunde: Beide Hände werden dicht zusammengeschlagen und aneinandergehalten.

Eine Frau, Squaw: Man streicht mit den Händen zu beiden Seiten des Kopfes nach unten, was langes Haar bedeuten soll.

Branntwein: Man hält die rechte Hand fest zusammengeballt in die Höhe und bewegt sie (schwankend) hin und her.

Tabak: Man hält die rechte Hand so, als hielte sie eine lange Pfeife, zieht sie dann langsam an sich und gibt einen puffenden Ton durch die Nase von sich, als stoße man den Rauch von sich. [...]

Handel treiben: Man legt beide Zeigefinger kreuzweise übereinander.

Tauschen: Mit beiden Zeigefingern gleichzeitig einen rechten Winkel machen. [...]

Sonne: Es wird ein Kreis mit Daumen und Zeigefinger gemacht, so daß die Spitzen beide aneinanderschließen.

Tageszeit: Man macht das Zeichen der Sonne und bewegt dieses zu der Stelle am Himmel, wo die Sonne zur Zeit stehen würde.

Nacht: Man breitet Arme und Hände aus, die Hände nach unten gekehrt, und bewegt sie übereinander, um anzuzeigen, daß etwas bedeckt ist.

Nachtzeit: Dasselbe Zeichen wie bei der Tageszeit, nur daß dann der Mond die Stelle der Sonne einnimmt.

Schnee und Regen: Der rechte Arm wird hoch über den Kopf gehalten, so daß alle Finger nach unten hängen. Diese bewegt man dann stärker oder schwächer, je nach Stärke des Regens oder Schneefalls.

Kälte: Die geballten Fäuste werden mit zitternder Bewegung dicht an die Brust gehalten.

Liebe: Man drückt die zusammengeballten Hände an die Brust.

Nein: Einen Strich mit der offenen flachen Hand vom Körper weg andeuten.

Sehen: Mit dem Zeige- und Mittelfinger der rechten Hand wird gerade weg von den Augen aus gezeigt.

Sprechen, reden: Man macht mit Zeige- und Mittelfinger der rechten Hand eine Bewegung vom Mund ab.

Lügen: Mit dem Zeigefinger der rechten Hand geht man über den Mund hin bis zur linken Schulter, um anzudeuten, daß jemand „krumm" oder nach links hin spricht. Die Kanzas-Indianer legen den Finger so, daß dieser den Mund kreuzt.

Die Wahrheit sagen: Der Zeigefinger der rechten Hand wird über den Mund gehalten und etwas gekrümmt nach oben und unten bewegt.

Hören: Man legt den Zeigefinger mehrmals an das Ohr.

Ehefrau: Man hält die beiden Zeigefinger nebeneinander ausgestreckt, die Knöchel nach oben, und deutet an, daß man denselben Lebensweg miteinander geht.

Bruder und Schwester: Man hält die beiden Zeigefinger mit der Innenseite aneinander ausgestreckt und führt sie dann in den Mund.

Kind: Die Hand mit der Innenfläche abwärts gekehrt in schräger Richtung von den Lenden halten. Man zeigt damit, wie groß das Kind ist.

Büffelbulle: Man legt den Daumen an den Kopf und hält den Zeigefinger etwas gebogen wie ein Horn.

Büffelkuh: Der Zeigefinger wird nicht gebogen, sondern ausgestreckt, um ein längliches Horn anzudeuten.

Pferd: Man legt Zeige- und Mittelfinger der rechten Hand auf Zeige- und Mittelfinger der linken und bewegt sie wie im Galopp. [. . .]

Beim Zählen werden mit den Fingern die Zahlen von 1 bis 10 ausgedrückt. Der Daumen der rechten Hand zeigt die Ziffer 1 an, Zeige-, Mittel-, Ring- und kleiner Finger der rechten Hand die Ziffern 2 bis 5. Der Daumen der linken Hand bezeichnet die Ziffer 6, die übrigen Finger der linken Hand die Ziffern 7 bis 10. Um 20, 30, 40, 50, 60, 70, 80, 90 anzudeuten, öffnet und schließt man die Hand, was jedesmal 10 bedeutet. Um die Ziffer 100 anzudeuten, werden beide Hände einmal geöffnet und wieder geschlossen, bei 200 geschieht dies zweimal und so fort. Um die Zahl 90 anzuzeigen, kann man auch beide Hände öffnen, nur muß man den Daumen der rechten Hand anlegen, bei 80 Daumen und Zeigefinger der rechten Hand anlegen und so weiter.

Kurt Klotzbach, Der Adler der Comanchen. Quanah Parker. Göttingen: Fischer-Verlag 1976, S. 158–163.

2.3 Bilderschrift der Indianer

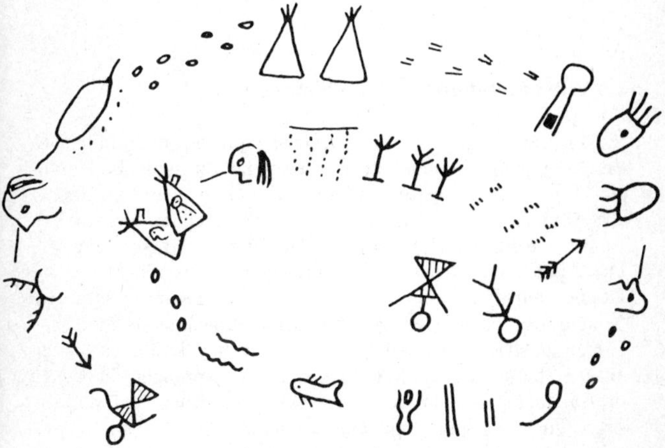

Die indianische Bilderschrift ist im Kreis geschrieben und von der Mitte her zu lesen. Die Entzifferung dieses Beispiels lautet:

Ein Indianer und seine Frau haben Streit miteinander; er will zur Jagd gehen, und sie will das nicht. Er macht eine große Geste der Verneinung.

Er nimmt seinen Bogen und Pfeile und bricht in den Wald auf. Ein Schneesturm kommt über ihn, und er sieht sich nach einer Zuflucht um.

Er entdeckt zwei Indianerhütten und geht zu ihnen, findet aber in ihnen zwei Kranke mit Masern und Blattern. Er rennt deshalb, so schnell er kann, fort und kommt bald zu einem Fluß. Dort fängt er einen Fisch, ißt ihn und bleibt zwei Tage dort. Danach bricht er wieder auf und sieht einen Bären. Er schießt und tötet den Bären und hat ein festliches Mahl. Dann zieht er wieder weiter und sieht ein indianisches Dorf, merkt aber, daß er Feinde vor sich hat, und läuft fort, bis er zu einem kleinen See kommt. Während er um diesen See herumgeht sieht er einen Hirsch. Er schießt ihn und bringt ihn heim zu seinem Wigwam, seiner Frau.

Hermersdorf / Lämme / Gramm, Schrift und Schreiben. Hannover: Pelikan AG o. J.

2.4 Wie ein Indianer seinen Namen erhielt

Indianernamen bildeten eine eigene Sprache und enthielten Beschreibungen, Anspielungen oder sogar magische Bedeutungen. Ein Indianerbaby erhielt bald nach der Geburt einen Namen – gewöhnlich von einem Medizinmann oder einem Verwandten väterlicherseits –, und das gesamte Dorf nahm an dieser Feier teil. Das Kind konnte nach einem Tier, einer Naturerscheinung, wie Donner am Tag seiner Geburt, oder nach einer tapferen Tat benannt werden, die der Namensgeber vollbracht hatte. Eine Frau behielt im allgemeinen den Namen, den sie bei dieser Gelegenheit erhalten hatte, aber ein Mann ersetzte den ursprünglichen Namen oft durch einen neuen, der einen Akt persönlicher Tapferkeit pries, eine Begegnung mit einem ungewöhnlichen Tier festhielt oder durch einen Traum inspiriert worden war. Ein Mann, der jedoch eine Mißbildung oder eine andere charakteristische Äußerlichkeit aufwies, war sein Leben lang unter einem entsprechenden Spitznamen wie Buckel oder Große Hand bekannt. Da Indianernamen fast immer auf etwas Objektivem basierten, ließen sie sich leicht bildlich darstellen – häufig mit einem Strich zwischen der visuellen Darstellung des Namens und einem Menschenkopf, um den Besitz zu bezeichnen. Hier sind einige Unterschriften von Sioux abgebildet.

Benjamin Capps: Die Indianer, S. 89.

1 *Shot-Close (Von nahem erschossen)*
2 *Goes-Through-The-Camp (Geht durchs Lager)*
3 *Bull-Lance (Bullenlanze)*
4 *Caught-The-Enemy (Fing den Feind)*
5 *Bear-Comes-Out (Der Bär kommt heraus)*
6 *Licks-With-His-Tongue (Leckt mit seiner Zunge)*
7 *Own-The-Arrows (Besitzt die Pfeile)*
8 *Roman-Noise (Römische Nase)*
9 *Old Cloud (Alte Wolke)*
10 *Goes-Walking (Geht spazieren)*
11 *Eagle-Horse (Adlerpferd)*
12 *Bear-Looks-Back (Bär sieht zurück)*

Virginia Luling, Indianer Nordamerikas. Esslingen: J. F. Schreiber (Verlagsgemeinschaft „Der Blaue Punkt") 1979, S. 21.

3. Medizinmänner

3.1 Die Kraft des Medizinmannes

Piegan-Häuptling „Bear Chief“

Heinz Jos. Stammel, Der Cowboy – Legende und Wirklichkeit von A–Z. Gütersloh: C. Bertelsmann Verlag 1972, S. 111.

In jedem Stamm gab es bestimmte Männer, denen außergewöhnliche Fähigkeiten im Umgang mit Geistern nachgesagt wurden. Wichtige Stammeszeremonien wie etwa das Menschenopfer der Pawnee und die Pfeilerneuerung der Cheyenne wurden von ausgebildeten priesterähnlichen Führern beaufsichtigt, die eine lange Lehrzeit hinter sich hatten und alle Einzelheiten dieser Rituale auswendig beherrschten. Ein Priester besaß nicht von sich aus übernatürliche Kräfte; er leitete die Teilnehmer nur während dieser Riten an, die dann spirituelle Hilfe bewirkten. Aber es gab andere geachtete Stammesmitglieder, denen man eine selbständige Entfaltung übernatürlicher Kräfte zuschrieb. Dies waren die Medizinmänner.

Der Stand des Medizinmannes existierte in allen Stämmen des Westens, aber es gab für sie von Stamm zu Stamm oder sogar von Generation zu Generation Abweichungen in Form und Funktion. Obwohl der Medizinmann manchmal bei großen Zeremonien als Priester fungierte, ließ seine persönliche Kraft sich jederzeit zum Wohle anderer gebrauchen. Er (oder sie, da ältere, verheiratete Frauen ebenfalls spirituelle Kräfte erlangen konnten) konnte seine Kraft dazu verwenden, die Zukunft vorherzusagen, Liebeszauber auszusprechen, verirrte Tiere aufzufinden oder gutes Wetter zu machen. Manche Medizinmänner fungierten als Stammesärzte und hatten unter Umständen sogar Spezialgebiete wie Blutkrankheiten, Knochenbrüche oder Kriegsverletzungen. Die spirituelle Kraft eines Medizinmannes beruhte stets auf einem Traum oder einer Trance, gewöhnlich nach einer im Gebet verbrachten längeren Fastenzeit. Bei diesen Visionen übergab ein Geist – etwa in Form eines Bären – große Kraft und erklärte, wie sie anzuwenden sei. Viele Medizinmänner waren außergewöhnlich intelligent und besaßen eine starke Persönlichkeit. Ihre persönliche Ausstrahlung trug dazu bei, andere von der Verläßlichkeit ihrer Hilfe zu überzeugen. Für ihre Dienste verlangten die Medizinmänner teilweise hohe Honorare – bis zu zwei Pferden für einen schwierigen Fall. Versagten die Geister jedoch, galt die Medizin des Mannes als schlecht, und er sah sich seines Lebensunterhalts beraubt. [. . .]

Benjamin Capps, Die Indianer. S. 132.

3.2 Gebet an die geheimen Mächte

Gebet an die geheimen Mächte. Beim Gebet wurde den Angebeteten immer die Tabakspfeife dargeboten, die man ihnen entgegenstreckte. Zu Füßen des Betenden liegt ein Büffelschädel als Symbol für den Geist jenes Tieres, von welchem die Indianer so abhängig waren. Der Abgebildete links außen ist ein Oglala Sioux.

Ed. S. Curtis, Ein Denkmal für die Indianer. (© 1976 by Florence Curtis Graybill und Victor Boesen.) München: C. H. Beck 1979.

4. Büffeljagd – Büffelverwertung – Büffelausrottung

4.1 Büffeljagd

[...] Das unendlich weite, fast baumlose Grasland zwischen Felsengebirge und Mississippi war seit uralter Zeit ein außerordentlich ergiebiger Jagdgrund. Der erste Europäer, der den Wildreichtum der Prärie beschrieb, der Spanier Cabeza de Vaca, staunte nicht nur über die großen Mengen und vielen Arten jagdbaren Wilds, sondern auch über die unförmigen „Kühe mit zottigem Fell wie grobes langes Wollzeug", die in riesigen, nach Tausenden von Köpfen zählenden Herden durch das Land streiften, gefolgt von Präriewölfen – und indianischen Jägern.

Die „Kühe" waren nichts anderes als Büffel, die am meisten begehrte, am höchsten geschätzte Wildart. Der Büffel versorgte den Indianer mit allem, was er zum Leben brauchte. Er bot ihm wohlschmeckendes Fleisch, das auch gedörrt, zerkleinert und, mit Beeren, Wurzeln und Büffelfett vermischt, zum Dauerproviant, dem sogenannten Pemmikan, verarbeitet wurde, ferner Felle für die menschliche Kleidung und zur Bedachung der Zelte, Bogensehnen und Nähzwirn, Knochen zur Herstellung von Messern und anderem Gerät.

Für die ringsum lebenden Völker – die unwirtliche Prärie lud nicht zum Daueraufenthalt ein, und die Büffelherden verschwanden auch in der kalten Jahreszeit – war die Bisonjagd eine der Hauptgrundlagen ihrer wirtschaftlichen Existenz. Die Jägerstämme des Felsengebirges waren fast völlig von ihr abhängig, während die Waldindianer im Nordosten und die Ackerbauern an Missouri und Mississippi Büffelfleisch zur Ergänzung ihrer Diät benötigten.

Aber die Jagd war mühselig. Die Indianer hatten weite Anmarschwege zu bewältigen, zu Fuß und mit ihrem ganzen Gepäck und keinem anderen Tragtier als dem Hund, wobei sie jeden Augenblick mit dem Auftauchen einer feindlichen Jägergruppe rechnen mußten. Die Angriffslust der Büffel und ihre Gewohnheiten, in großen

Herden zu wandern, erforderten zudem ein Massenaufgebot an Jägern. Daher pflegten mehrere Sippen sich zu einer Jagdgemeinschaft unter dem Kommando eines einzigen Häuptlings zusammenzuschließen. Nur in größerer Zahl und nach einem einheitlichen Angriffsplan konnten die Jäger, etwa durch Anzünden des Präriegrases, Panik unter den Herden hervorrufen und zersprengte Teile einkreisen oder an Stellen zusammentreiben, wo die Tiere leichter zu erlegen waren. Niemand durfte aus der Reihe tanzen. Die Büffel waren schneller als ihre Verfolger, und ein angeschossener Bulle konnte einem einzelnen Mann leicht zum Verhängnis werden. Mühselig und zeitraubend war schließlich noch der Abtransport der Beute. Hierbei fielen die Männer, die jederzeit kampfbereit zu sein hatten, weitgehend aus. Als Beförderungsmittel verblieben die Rücken der Frauen und die Travois, hölzerne Traggestelle, die von den Hunden gezogen wurden und mit den unteren Enden am Boden schleiften.

Mangelnde Beweglichkeit und beschränkte Transportmittel – das also waren im wesentlichen die schwachen Stellen der Büffeljagd. Sie waren es seit den Zeiten der Folsomjäger und blieben es bis zu dem Augenblick, in dem der Indianer das vierbeinige Vehikel kennenlernte, das ihn mit einem Schlage gerade von diesen beiden Kalamitäten befreite. Er reiste nun freier, bequemer und rascher. Die langen Anmarschwege waren für ihn weniger ermüdend; sie wurden kürzer, und der Zeitgewinn erlaubte eine häufigere Wiederholung der Jagd und damit eine Steigerung der Produktion. Mit dem „großen Hund“, der in ein entsprechend verlängertes Travois eingespannt wurde, ließen sich zudem weitaus größere Mengen Fleisch und Häute nach Haus befördern als vorher mit Frauen und Hunden.

Vor allem aber kam jetzt in die Jagd selbst mehr Bewegung. Auf dem Pferd sitzend, konnte der Jäger den schnellsten Büffel ein- und überholen. Dazu war allerdings nicht jeder Gaul geeignet. Das „Büffelpferd“, für die Jagd eigens dressiert, mußte fünf Eigenschaften haben: Es mußte mehrere Meilen galoppieren können, ohne zu ermüden; es mußte intelligent genug sein, um auf ein

Kommando des Reiters, ja auf den leisesten Druck sofort zu reagieren; es mußte so wendig sein, daß es, wenn es neben dem Büffel herlief, bei einem plötzlichen Seitensprung des Tiers ausweichen konnte; es mußte über unebenes Gelände ebenso rasch jagen können wie über ebenes; und schließlich durfte es keine Angst vor dem Büffel haben. [...]

Wilhelm Pferdekamp, Die Indianer-Story. München: List Verlag 1963, S. 189–192.

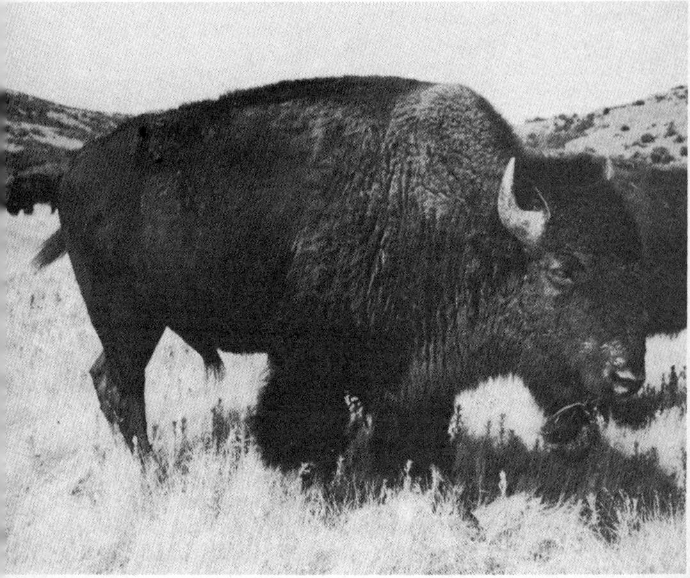

The Bettmann Archive, New York.

4.2 Das Allzwecktier der Plains

Jeder Teil des Bisons, der nicht gegessen wurde, fand anderweitig Verwendung. Aus Hörnern, Knochen, Hufen, Fell und inneren Organen wurden Haushaltsgegenstände wie die unten aufgeführten. Sogar der Bisonmist wurde als Brennmaterial aufbewahrt. Am vielseitigsten verwendbar war die Haut des Bisons. Ihre Dicke variierte je nach Alter und Geschlecht des Tieres. Die dickste Haut stammte von alten Bullen und wurde für Schilde und die Sohlen von Wintermokassins gebraucht.
Die dünnste war die Haut ungeborener Kälber, aus der Beutel für Beeren hergestellt wurden. Aus der Kuhhaut wurde wegen ihrer mittleren Dicke eine ganze Reihe von Gegenständen gefertigt – von Flößen bis hin zu Ballüberzügen für ein „Shinny“ genanntes Spiel.
Die Indianer bearbeiteten die Häute auch, um ihnen unterschiedliche Eigenschaften zu verleihen. Eine als Rohhautleder bezeichnete, unbehandelte Haut war hart und steif, jedoch nach dem Gerben wurde sie weich und geschmeidig. Sollten aus Häuten Winterbekleidung und Decken hergestellt werden, ließ man die Haare daran, für andere Verwendungszwekke wurden sie abgekratzt. Der obere Teil einer Tipibespannung aus Kuhhaut, der durch das Fett und den Rauch zahlloser Kochfeuer regendicht geworden war, wurde später von den fleißigen Indianerinnen weiterverwertet: Sie zerschnitten dieses imprägnierte Leder und nähten daraus Kleidungsstücke.

Bekleidung
Umhänge *(Bisonfell)*
Mützen mit Ohrenklappen *(Bisonfell)*
Mokassins *(Leder)*
Mokassinsohlen *(Rohhautleder aus Bullenhaut)*
Leggings *(Leder)*
Fausthandschuhe *(Bisonfell)*
Hemden *(Leder)*
Mäntel und Capes *(Bisonfell)*
Kleider *(Leder)*
Gürtel *(Rohhautleder aus Bullenhaut)*
Unterkleidung *(Kalbsleder)*
Lendenschurze *(Leder)*
Kopfschmuck-Verzierungen *(Haare, Hörner)*

Tipis und Einrichtungsgegenstände
Tipi-Bespannungen *(Kuhleder)*
Tipi-Türenklappen *(Kuhleder)*
Tipi-Auskleidungen *(Kuhleder)*
Bettdecken *(Bisonfell)*
Cache-Abdeckungen *(Rohhautleder)*
Tipi-Verzierungen *(Haare, Schwänze)*
Medizinkästen *(Rohhautleder)*
Truhen *(Rohhautleder)*

Zeremonialgegenstände
Sonnentanz-Altäre *(Schädel)*
Rasseln *(Hufe, Rohhautleder)*
Pferdemasken *(Häute, Hörner)*
Leichentücher *(Leder)*

Geräte für Sport und Erholung
Eisschlitten-Kufen *(Rippen)*
Würfel *(Knochen)*
Ballfüllungen *(Haare)*
Ballüberzüge *(Kalbsleder)*
Bespannung für Lacrosse-Schläger *(Rohhautleder)*

Reiten und Transporte
Traglastgurte *(Leder)*
Sattelbespannungen *(Rohhautleder)*
Sattelpolsterüberzüge *(Leder)*
Sattelgurte *(Rohhautleder)*
Steigbügelüberzüge *(Rohhautleder)*
Schwanzriemen *(Rohhautleder)*
Packtaschen *(Rohhautleder)*
Einfache und doppelte Satteltaschen *(Rohhautleder)*
Tabaksbeutel *(Kalbsleder)*
Beerenbeutel *(Leder von ungeborenen Kälbern)*
Zügel *(Rohhautleder, Haare)*
Honda-Ringe *(Horn)*
Zaumzeug *(Rohhautleder)*
Lassos *(Rohhautleder)*
Pferdestricke *(Rohhautleder)*
Vorderbeinfesseln *(Rohhautleder)*
Satteldecken *(Leder)*
Travois-Gurte *(Rohhautleder)*
Stangengurte *(Rohhautleder)*
Verschiedene dünne Lederriemen *(Rohhautleder)*
Pferdedecken *(Leder)*
Wassertröge *(Rohhautleder)*
Huf-„Eisen" *(Rohhautleder)*
Flöße *(Kuhleder)*
Schneeschuhe *(Rohhautleder)*

Waffen
Schilde *(Rohleder vom Nacken der Bullen)*
Bogenumwicklungen *(Bullensehnen)*
Bogensehnen *(Bullensehnen)*
Pfeilspitzen *(Knochen)*
Befestigungen für Pfeilspitzen *(Sehnen)*
Pulverhörner *(Horn)*
Überzüge für Streitkeulen *(Rohhautleder)*
Verzierungen für Keulen *(Haare, Bart)*
Messerscheiden *(Rohhautleder)*

Werkzeuge und Gebrauchsgegenstände
Pfeilausrichter *(Höcker)*
Zerwirkgeräte *(Oberschenkelknochen)*
Griffe für Fleischklopfer *(Rohhautleder)*
Hacken *(Schulterblätter)*
Hammergriffe *(Rohhautleder)*
Kochtöpfe *(Magen)*
Wassereimer *(Magen)*
Löffel *(Horn)*
Becher *(Horn)*
Schöpflöffel *(Horn)*
Messer *(Knochen)*
Haarbürsten *(rauhe Seite der Zunge)*
Brennmaterial *(Mist)*
Fliegenklatschen *(Schwanz)*
Leim *(Hufe, Haut)*
Gerbmittel *(Gehirn, Fett, Leber)*

Seifen *(Fett)*
Nähfaden *(Sehnen)*
Nähnadel *(Knochen)*
Hautschaber *(Knochen)*
Farbpinsel *(Hüftknochen, Schulterblatt)*
Federglätter *(Horn)*
Werkzeug zum Enthaaren von Seilen *(Schädel)*

Benjamin Capps, Die Indianer. S. 74/75.

4.3 Büffelausrottung

Als die Europäer an der amerikanischen Küste landeten, gab es 60 Millionen Büffel in den Ebenen des Westens. Im Jahr 1865 waren es nur noch 15 Millionen. Gegen 1895 waren sie infolge der sinnlosen Massaker so weit dezimiert, daß man sie von der Liste der lebenden Tierarten streichen mußte. Heute ist die Jagd auf Büffel in den USA und Kanada verboten. Man hat alle Anstrengungen unternommen, um den Büffel zu retten. Es gibt in den USA wieder 3000 Tiere. Sie leben im Wichita-Refugium in Oklahoma, im Yellowstone-Nationalpark und in der Reservation der Crow-Indianer im Bundesstaat Montana, nicht weit von Sheridan.

(Nach Fronval/Hetmann, Das große Buch der Indianer. S. 60)

Colonel Richard Irving Dodge schätzte eine Herde, die er 1871 zwischen Fort Zarah und Fort Dodge entdeckte, auf 500000 Büffel. William T. Hornaday schrieb, daß Büffelherden schätzungsweise bis zu 12000000 Büffel gezählt haben mochten, bevor die weißen Jäger damit anfingen, die Büffel abzuschlachten.

Bis zum Herbst 1871 waren die Büffel nur wegen der Steaks und Zungen erlegt worden. Danach erst wurde die Brauchbarkeit der Büffelhaut entdeckt. J. N. DuBois, ein Pelzhändler aus Kansas City, dem ein paar Büffelfelle in die Hände gerieten, schickte diese nach Deutschland, denn in Amerika kannte er keine Gerberei, die in der Lage war, die harte, dicke Haut des Büffels strapazierfähig und trotzdem geschmeidig zu gerben. Das gelang jedoch in

Deutschland, und im Sommer 1871 flatterten die ersten Inserate von J. N. DuBois über die Prärien des Westens. Das Angebot des Pelzhändlers war verlockend. Er garantierte dem Büffeljäger pro Haut einen guten Preis, der wenig später von Lobenstein, einem Pelzhändler in Leavenworth, noch überboten wurde. Lobenstein bezahlte pro Fell eines Bullen $ 1.75 und für das einer Büffelkuh $ 1.25. Und von dem Moment an fand die Jagd auf den amerikanischen Büffel mit dem ersten Wärmeeinbruch kein Ende mehr. Die großkalibrigen Büffelgewehre, *Sharps Buffalo-Guns,* donnerten durch alle vier Jahreszeiten. Was in Deutschland möglich gewesen war, schaffte man auch in England und schließlich im eigenen Lande. Wer im Winter 1872 in Boston, New York oder Philadelphia hustend und mit tropfender Nase durch die verschneiten Straßen ging, ohne einen Büffelmantel zu tragen, galt als ausgemachter Narr. Lobenstein zahlte jetzt bereits zwischen drei und vier Dollar pro Haut, egal ob von einem Bullen oder einer Kuh, und in den Prärien nördlich des Arkansas versuchten sich die zielsicheren Büffeljäger gegenseitig den Rang abzulaufen. Wright Mooar, zum Beispiel, einer der erfolgreichsten Büffeljäger, brachte es in neun Jahren auf über 20000 Abschüsse. Übertroffen wurde er nur noch von DocCarver, der nach eigenen Angaben während seiner Karriere als Büffeljäger über 30000 Tiere getötet haben will, davon 5700 in einem Winter. Aber nicht nur die erfahrenen Büffeljäger waren es, die die Kansas- und Nebraskaprärien zu einem blutigen Schlachtfeld werden ließen. Aus allen Himmelsrichtungen strömten Männer in die Büffelgebiete und schossen auf alles, was sich bewegte. Sie streiften in Gruppen oder einzeln, mit Wagen und Pferden oder auch zu Fuß durch die endlosen Weiten. Sie waren schlecht ausgerüstet und hatten vom Büffeljagen keine Ahnung. Sie waren mit vorsintflutlichen Gewehren bewaffnet, mit Vorderladern, Revolvern und Vogelflinten.

Im Jahre 1873, also knapp zwei Jahre nachdem die ersten Büffelhäute verkauft werden konnten, stapelten sich die gerollten Felle auf den Verladerampen und den Straßen von Dodge City zu Bergen, die von einem Ende der Stadt zum anderen reichten. Die *Überschwemmung* des amerikanischen Fellmarktes hatte einen abrupten Preisfall zur Folge, und die professionellen Jäger kriegten jetzt für eine Büffelhaut bester Qualität nur noch zwischen einem und zwei Dollar. Dabei wurde es selbst für die erfahrenen Büffeljäger und ihre Häuter immer schwieriger, nördlich des Arkansas einen Büffel vor die Mündung zu kriegen. Die großen Herden existierten nicht mehr. Einzelgänger und kleinere Herden wurden von den Sonntagsjägern regelrecht abgeschlachtet. Bald gab es in diesem Gebiet mehr Jäger als Büffel, und die Jagd, an der sich Abenteurer, Sportschützen, arbeitslose Schienenleger, Saloonwirte, Handwerker, Gesetzesbeamte und Cowboys beteiligten, wurde zu einem sinnlosen und verschwenderischen Spiel.

Wer nur wußte, was bei einem Gewehr hinten und vorne war, wollte seinen Spaß haben. Überall lagen Kadaver, an denen sich nur Coyoten und Geier gütlich taten. Schwärme von Fliegen trieben wie tiefhängende Gewitterwolken über das Land, und der Verwesungsgestank wurde vom Westwind bis zu den Vorposten der Zivilisation getragen.

Mr. William Blackmore, ein Sportjäger aus England, machte im Jahre 1873 einen Jagdausflug den Arkansas River entlang und brachte es angesichts einer schockierenden Szene nicht fertig, einen einzigen Schuß abzufeuern. „Da war eine meilenlange, ununterbrochene Reihe von faulenden Kadavern. Die Luft war getränkt vom Dampf des Blutes und bestialischer Gestank breitete sich über der Prärie aus. Am Ufer des Flusses hatten die Jäger eine Linie von Camps aufgeschlagen. Sie töteten die Büffel pausenlos, bei Tag und bei Nacht. Ich zählte auf einem Fleck, nicht größer als ein Hektar, 64 Kadaver."

Werner J. Egli, Im Sommer als der Büffel starb. München: C. Bertelsmann Verlag GmbH. 1974, S. 42/43.

5. Indianer und ihre Pferde

Preußischer Kulturbesitz, Berlin.

5.1 Büffelhunde

Das Pferd

Das Pferd war der ständige Begleiter des Indianers, besonders dann, wenn er auf der Prärie oder auf der Hochebene zu Hause war. Ohne das Pferd hätte er nie über weite Strecken den Büffelherden folgen können. Ohne Pferde waren rasch vorgetragene Angriffe gegen die Forts der Bleichgesichter oder gegen Lager feindlicher Stämme undenkbar.

Das Pferd lebte schon in prähistorischer Zeit auf dem amerikanischen Kontinent. Es waren Wildpferde, die in Herden lebten und von den Menschen gejagt und verspeist wurden. Mit der Zeit starb dieses Pferd, das klein von Wuchs war und einen großen und langen Kopf hatte, völlig aus.

Als die Spanier Mexiko besetzten, brachte Hernando Cortes andalusische Pferde ins Land, die von Arabern abstammten. Sie waren ungestüm und feurig. Diese Tiere weideten auf den Prärien Mexikos. Fünfundzwanzig von ihnen, vom Freiheitsdrang gepackt, entwischten ihren Hütern und machten sich nach Norden davon. Sie durchschwammen den Rio Grande del Norte und verbreiteten sich in den Ebenen von Arizona und Texas. Dort wurden sie zuerst von den Apachen entdeckt. Dieser Stamm gab ihnen den Namen *Büffelhunde.* Die Indianer hielten die Tiere tatsächlich zuerst für große Hunde. Sie merkten aber bald, daß man die Tiere reiten konnte. Bald hatten sie sich zu ausgezeichneten Reitern herangebildet, und es dauerte nicht lange, bis andere Stämme es ihnen nachmachten.

Die Prärie-Indianer hatten immer ein enges Verhältnis zu ihren Reittieren. Stundenlang konnten sie im Sattel sitzen, und manchmal legten sie auf den Jagd- und Kriegszügen phantastische Entfernungen zurück.

Es gelang den Indianern, durch Kreuzung, eine neue Pferderasse zu züchten: die *Appaloosa.* Sie waren die Kriegspferde der Nez Percé, ehe sie auch von anderen Stämmen verwendet wurden. Der Name leitet sich vom Palouse-Tal in Oregon und Washington her, durch das der Palouse River fließt. Dort war die Heimat der Nez Percé. Ein Appaloosa erkennt man am grauen Fell mit dunklen Flecken.

Als die Nez Percé sich 1877 gegen die Regierung in Washington erhoben und in eine Reservation getrieben wurden, kamen viele dieser Appaloosa-Pferde um. Aber den Züchtern gelang es mit der Zeit, die prächtige Rasse zu erhalten, deren Tiere noch heute den Stolz mancher Ranch ausmachen.

George Fronval/Frederik Hetmann, Das große Buch der Indianer. Stuttgart: Boje-Verlag 1976, S. 56/57.

5.2 Das Pferd als Besitz

Dank dem Pferde erlebte er [der Indianer] ein Wirtschaftswunder. Nicht nur war er besser ernährt und besser gekleidet, er wurde ein begehrter Handelspartner. Für die nun stärker anfallenden Büffelfelle interessierten sich die europäischen Pelzhändler, für Felle sowohl wie für Pferde der Stämme des Nordostens und Ostens. Diese Völker waren durch ihren Kontakt mit den Weißen imstande, einen florierenden Zwischenhandel aufzuziehen. Sie vermittelten große Mengen europäischer Waren in die Prärie, lange bevor die Weißen selber erschienen: Messer, Metallkessel, Handwerkszeug, Wolldecken, Glasperlen und vor allem Gewehre. So folgte der Revolution, die das Pferd bewirkt hatte, alsbald eine zweite: Die europäischen Gerätschaften erleichterten das Nomadenleben, die Feuerwaffen machten die Büffeljagd noch ergiebiger.

Wirtschaftswunderzeiten bringen es mit sich, daß jeder danach trachtet, eine möglichst große Scheibe von dem Kuchen zu ergattern. Einige Jägerstämme, so die Komantschen und Kiowa, ließen sich für dauernd im Büffelgebiet nieder. Ganze Bauernvölker, die seit Jahrhunderten westlich des Mississippi Mais und Gemüse pflanzten, kehrten ihren Feldern den Rücken und wurden wieder Nomaden, teils weil sie unter Überfällen berittener Stämme zu leiden hatten, mehr noch weil die gewinnbringende Büffeljagd sie verlockte. Waldindianer des Nordostens wechselten vom Kanu zum Pferd über und wanderten in die Großen Ebenen aus. Allerdings nicht immer freiwillig. Schon hatte, ausgelöst durch die Landnahme und das Vorrücken weißer Siedler im Osten, die indianische Bewegung nach Westen eingesetzt, der Druck der östlichen Stämme, die auf der Suche nach neuem Pflanz- und Jagdgrund andere westwärts drängten. Die Vertriebenen, zu denen auch die Sioux gehörten, mögen sich damit getröstet haben, daß sie durch ihre Wandlung zu Reitern und Büffeljägern keinen schlechten Tausch machten. Die Prärie brachte ihnen Wohlstand.

Der zunehmende Wohlstand führte nun, wiederum im

Zusammenhang mit dem Pferd, zu einem Wandel der Sozialstruktur, der für den Übergang zur Reiterkultur vielleicht noch charakteristischer war als der Wohlstand selbst. Mehr oder weniger hatten die Indianer vorher in relativ klassenlosen Gesellschaften gelebt. Jetzt aber bildete der Besitz an Pferden, der ein individueller Besitz war und sich durch Aufzucht oder Diebstahl vergrößern ließ, einen Gradmesser für den persönlichen Wohlstand. Die Folge war das Entstehen eines gesellschaftlichen Dreiklassensystems auf der Basis des jeweiligen Pferdebesitzes. Der Außenstehende vermochte kaum zwischen den drei Klassen zu unterscheiden, weshalb ihr Vorhandensein oft übersehen wurde, vor allem in den idealisierenden Schilderungen der Präriekultur des 19. Jahrhunderts. Der Indianer jedoch traf sehr feine Unterscheidungen. Der soziale Status einer Familie wurde weitgehend davon bestimmt, wieviel Pferde sie besaß. „Der Einfluß dieses Klassensystems", bemerkt John C. Ewers, „trat nicht nur bei Aufzucht und Verwendung von Pferden in Erscheinung, sondern auch bei Handelsbeziehungen zwischen Einzelpersonen, Eheschließungen, Gerichtsverfahren und in Angelegenheiten eines Kults."

Bei den Schwarzfüßen gehörte ein Mann, der weniger als fünf Pferde besaß, zur untersten Klasse. Er war, wenn er eine größere Familie zu unterhalten hatte, auf Leihpferde angewiesen, für die natürlich eine Pachtgebühr zu entrichten war. Dieser Zustand war indes nicht unabänderlich. Es kam häufig vor, daß arme junge Leute auf den Kriegspfad gingen, Pferde erbeuteten, sich dadurch Ruhm erwarben und Häuptlinge wurden. Zum Mittelstand, der zahlenmäßig weitaus stärksten Klasse, zählte ein Familienoberhaupt, das für Jagd und Lagerwechsel genügend Pferde sein eigen nannte, um wirtschaftlich unabhängig zu sein. Dazu gehörten, je nach Größe der Familie, fünf bis 40 Tiere. Wer mehr als 40 besaß, galt als reich. Er hatte mehr, als eine Normalfamilie brauchte, und konnte seine überzähligen Pferde an Minderbemittelte ausleihen.

Aber die Besitzerfreude wurde getrübt durch die ständige Furcht vor feindlichen Überfällen mit anschließendem

Raub der Pferde. Deshalb hielten es klügere Köpfe für töricht, allen Produktionsüberschuß in Pferden zu investieren. Ein Oberhäuptling der Blut-Indianer gab einst seiner Familie den Rat: „Sorgt dafür, daß euer Wohlstand nicht nur in Pferden besteht. Sie können in der Nacht verlorengehen. Bereitet euch darauf vor. Legt euch feine, saubere Kleidung zu, gute Waffen, heilige Medizinbündel und andere wertvolle Güter. Wenn euch dann ein Feind alle Pferde stiehlt, könnt ihr mit den anderen Besitztümern neue Pferde erwerben."

Wilhelm Pferdekamp, Die Indianer-Story. München: List Verlag 1963, S. 192–194.

5.3 Verbreitung des Pferdes

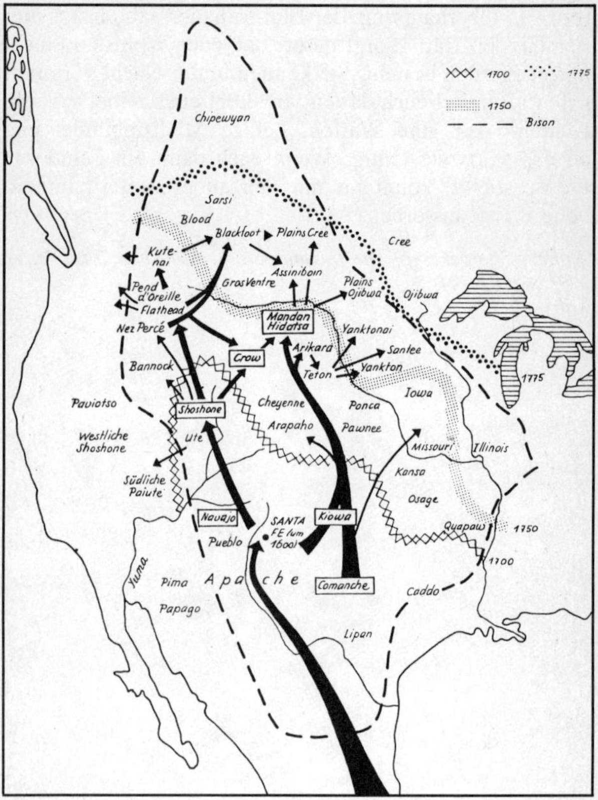

Wolfgang Lindig/Mark Münzel, Die Indianer. München: Fink Verlag, 1976, S. 95.

6. Handel zwischen Indianern und Weißen

6.1 Tauschgeschäfte

[...] Wie bei jeder anderen Ware schwankte der Wert des Pferdes je nach Angebot und Nachfrage. Anfang des 19. Jahrhunderts war ein gutes Pferd am oberen Missouri, wo es wenig Pferde, aber reichlich Bisons gab, etwa zehn Bisonfelle wert. Später sank der Preis bis auf drei Felle. Das Verhältnis änderte sich auch proportional zu dem Wohlstand des indianischen Geschäftspartners. Ein reicher Mann mußte für dieselbe Ware mehr zahlen als seine ärmeren Nachbarn (etwa neun statt zwei Pferde für ein besticktes Hemd und Leggings). Unten sind einige weitere Tauschrelationen angeführt, die in den Handelsstationen der High Plains üblich waren.

Beispiele für Tauschrelationen

1 gewöhnliches Reitpferd
= 8 Bisonfelle
= 1 Gewehr und 100 Schuß Munition
= 1 Tabakballen von drei Pfund Gewicht
= 15 Adlerfedern
= 10 Wieselpelze
= 5 Tipistangen
= 1 Tipiüberzug aus Bisonfell
= 1 Lederhemd und Leggings, beides mit Menschenhaar und Stachelschweinborsten verziert

1 gutes Rennpferd = 10 Gewehre
1 gutes Jagdpferd = mehrere Packtiere

1 Bisonfell
= 3 Stahlmesser
= 25 Schuß Munition
= 1 Eisenkessel mit 3,8 Liter Fassungsvermögen
= 3 Dutzend eiserne Pfeilspitzen
= 1,5 Meter Baumwollstoff

3 Bisonfelle = 1 weiße Decke
4 Bisonfelle = 1 scharlachrote Hudson's-Bay-Decke
5 Bisonfelle = 1 Halskette aus Bärenkrallen
30 Biberpelze = 1 Krug Rum
10 Hermelinpelze = 100 Wapitizähne

Benjamin Capps, Die Indianer. S. 62.

6.2 Das Ritual des Handelns

Ein alter Pelzhändler aus dem Gebiet der nordwestlichen Algonkin gibt ein höchst anschauliches, wenngleich verständnisloses Bild von der Art, wie die Indianer ihre Geschäfte abzuwickeln pflegten:

„Bei den Slave (Schwarzfüßen) ist jede Bewegung eine Parade. Wenn sie kommen, um Geschäfte zu machen, so senden sie ein paar junge Leute voraus, die uns von ihrem Herannahen verständigen und ein Stück Tabak für jedes ihrer Familienoberhäupter verlangen. Gewöhnlich schikken wir sechs Zoll einer Tabakrolle, hübsch in Papier verpackt, und an das Päckchen wird noch ein Stück Scharlachfarbe gebunden – alles zum Zeichen der Freundschaft. Die jungen Männer werden mit einem Glas Schnaps, vier Zoll Tabak und ein bißchen Scharlachfarbe beschenkt, womit sie dann sofort wieder zu ihren Freunden zurückkehren. Dort wird dann der Tabak abgeliefert und nun um die Wette geraucht, während die Boten erzählen, was es auf der Station Neues gibt und wie sie aufgenommen worden sind. Nachdem diese Zeremonie beendet worden ist, ziehen sie in einer langen Reihe weiter. Am Tage ihrer Ankunft versammeln sich die Männer an einer geeigneten Stelle in Sichtweite des Forts, machen dort ein Feuer an und setzen sich zum Rauchen hin; währenddessen kommen ihre Frauen und Kinder zum Fort und stellen ihre Zelte bei den Palisaden auf. Wenn sie damit fast fertig sind, erheben sich die Männer und kommen im Gänsemarsch auf das Fort zu, wobei der oberste Häuptling an der Spitze marschiert und die anderen in der Reihenfolge ihres Ranges oder Ansehens sich anschließen – dieser Rang hängt von der Anzahl der im Kampf erbeuteten Skalpe ab. Der Herr der Station muß nun hinausgehen und ihnen vor dem Tor die Hand schütteln, und je weiter er ihnen entgegengeht, desto größer ist die Ehre, die er ihnen damit erweist.

Oft tritt dann der oberste Häuptling vor und bringt ein Pferd an einer Leine, das er dem Händler nach der Begrüßung übergibt. Das ist ein Geschenk, und manchmal ist auf dem Rücken des Pferdes noch ein kleines Paket mit

Fellen oder Häuten, um seinen Wert zu erhöhen. Oft trägt der Besitzer einen schön bemalten Mantel, den er auszieht und dem Händler umhängt. Manchmal gibt er noch seine Fuchspelzmütze dazu, die sich der Händler dann vorschriftsmäßig aufsetzen lassen muß. Wenn er mit seinen Zeremonien fertig ist und andere Indianer ebenfalls dem Händler ein Geschenk machen wollen, so erheben sie sich der Reihe nach und hängen ihm ebenfalls ihre Mäntel um; haben sie ein als Geschenk geeignetes Fuchsfell, so wird es auf der ersten Mütze angehängt. Wenn also eine größere Gruppe ankommt, so steht der Händler dann oft mit acht oder zehn schweren Mänteln da und trägt ebenso viele Fuchsfellmützen auf dem Kopf. Er muß das alles geduldig über sich ergehen lassen und mit ernstem Gesicht dastehen, bis die ersten Rauchzeremonien vorüber sind; dann erst darf er die Mäntel und Fuchspelze in das Lager bringen lassen. Es wird aber immer erwartet, daß diese Geschenke mit dem doppelten Gegenwert bezahlt werden. Das Trinkgelage dauert den ganzen Tag und geht bis gegen Mitternacht weiter, dann schlafen sie alle ein und am nächsten Morgen sind sie wieder nüchtern. Wenn sie dann am nächsten Tag ihre Geschäfte mit uns abwickeln, so bezahlen wir ihnen die Geschenke vom Vortag. Wenn jedoch das, was wir ihm für das Pferd geben, seinen Erwartungen nicht entspricht, so verlangt es der Spender zurück, und es muß ihm wieder ausgefolgt werden. Es hat keinen Sinn, sich dabei aufzuregen, denn er ist dann verstockt und geht mit seinem Pferd weg. Hingegen werden geschenkte Felle oder Häute nie mehr zurückverlangt, es wird vielmehr angenommen, was man dafür bietet. Wenn eine Fahne hereingebracht worden ist, bekommt sie der Eigentümer bei seinem Abzug zurück, mit ein paar Meter Band zusammengebunden, und ein Fuß Tabak wird angehängt. Sie bleiben selten länger als einen Tag in unseren Forts.

Die Frauen werden immer schon früher weggeschickt, während die Männer noch eine Weile dableiben und mit dem Händler rauchen und ihn mit ihren Betteleien quälen. Wenn die Frauen alle fort sind, bekommt jeder Mann vier oder fünf Kugeln und Pulver, etwa vier Zoll Tabak und ein Gläschen Schnaps."

Clark Wissler, Das Leben und Sterben der Indianer. Wien: Danubia Verlag 1948, S. 360–362.

7. Begegnung zweier Kulturen

7.1 Häuptling Seattle antwortet dem großen Häuptling in Washington

Aus der Rede des Duwamish Häuptlings Seattle (1853) als sein Stamm gezwungen wurde, sein Land an die Weißen abzutreten:

„Der große Häuptling in Washington sendet Nachricht, daß er unser Land zu kaufen wünscht. Der große Häuptling sendet uns auch Worte der Freundschaft und des guten Willens. Das ist gütig von ihm, denn wir wissen, er bedarf unserer Freundschaft nicht. Aber wir werden sein Angebot bedenken, denn wir wissen – wenn wir nicht verkaufen, kommt vielleicht der Weiße Mann mit Gewehren und nimmt sich unser Land.

Wie kann man den Himmel kaufen oder verkaufen oder die Wärme der Erde? Diese Vorstellung ist uns fremd. Wenn wir die Frische der Luft und das Glitzern des Wassers nicht besitzen – wie könnt Ihr sie von uns kaufen? Jeder Teil dieser Erde ist meinem Volk heilig, jede glitzernde Tannennadel, jeder sandige Strand, jeder Nebel in den dunklen Wäldern, jede Lichtung, jedes summende Insekt ist heilig in den Gedanken und Erfahrungen meines Volkes. Der Saft, der in den Bäumen steigt, trägt die Erinnerung des Roten Mannes. Die Toten der Weißen vergessen das Land ihrer Geburt, wenn sie fortgehen, um unter den Sternen zu wandeln. Unsere Toten vergessen diese wunderbare Erde nie, denn sie ist des Roten Mannes Mutter. Wir sind ein Teil der Erde, und sie ist ein Teil von uns. Die duftenden Blumen sind unsere Schwestern; die Rehe, das Pferd, der große Adler – sie sind unsere Brüder. Die felsigen Höhen, die saftigen Wiesen, die Körperwärme des Ponys – und des Menschen – sie alle gehören zur gleichen Familie.

Wenn also der große Häuptling in Washington uns Nachricht sendet, daß er unser Land zu kaufen gedenkt, so verlangt er viel von uns. Der große Häuptling teilt uns mit, daß er uns einen Platz gibt, wo wir angenehm und für uns leben können. Er wird unser Vater sein und wir seine Kinder. Aber kann das jemals sein? Gott liebt Euer Volk und hat seine roten Kinder verlassen. Er schickt Maschinen, um dem Weißen Mann bei seiner Arbeit zu helfen und baut große Dörfer für ihn. Er macht Euer Volk stärker, Tag für Tag. Bald werdet Ihr das Land überfluten, wie Flüsse Schluchten hinabstürzen nach einem unerwarteten Regen. Mein Volk ist wie eine ebbende Gezeit – aber ohne Wiederkehr.

Das Ansinnen, unser Land zu kaufen, werden wir bedenken, und wenn wir uns entschließen anzunehmen, so nur unter einer Bedingung: Der Weiße Mann muß die Tiere des Landes behandeln wie seine Brüder. Ich bin ein Wilder und verstehe es nicht anders. Ich habe tausende verrottende Büffel gesehen, vom Weißen Mann zurückgelassen – erschossen aus einem vorüberfahrenden Zug. Ich bin ein Wilder und kann nicht verstehen, wie das qualmende

Eisenpferd wichtiger sein soll als der Büffel, den wir nur töten, um am Leben zu bleiben. Was ist der Mensch ohne die Tiere? Wären alle Tiere fort, so stürbe der Mensch an großer Einsamkeit des Geistes. Was immer den Tieren geschieht, geschieht bald auch den Menschen. Alle Dinge sind miteinander verbunden. Was die Erde befällt, befällt auch die Söhne der Erde.

Wir werden Euer Angebot bedenken, in das Reservat zu gehen. Unsere Kinder sehen ihre Väter gedemütigt und besiegt. Unsere Krieger wurden beschämt. Nach Niederlagen verbringen sie ihre Tage müßig – vergiften ihren Körper mit süßer Speise und starkem Trunk. Es ist unwichtig, wo wir den Rest unserer Tage verbringen. Es sind nicht mehr viele. Noch wenige Stunden, ein paar Winter, und kein Kind der großen Stämme, die einst in diesem Land lebten oder jetzt in kleinen Gruppen durch die Wälder streifen, wird mehr übrig sein, um an den Gräbern eines Volkes zu trauern, das einst so stark und voller Hoffnung war wie das Eure.

Aber warum soll ich trauern über den Untergang meines Volkes? Völker bestehen aus Menschen, nichts anderem. Menschen kommen und gehen wie die Wellen im Meer. Eines wissen wir, was der Weiße Mann vielleicht eines Tages erst entdeckt: unser Gott ist derselbe Gott. Ihr denkt vielleicht, daß Ihr ihn besitzt, so wie Ihr unser Land zu besitzen trachtet – aber das könnt Ihr nicht. Er ist der Gott der Menschen, gleichermaßen der roten und der weißen. Dieses Land ist ihm wertvoll, und die Erde zu verletzen heißt, ihren Schöpfer zu verachten.

Auch die Weißen werden vergehen, eher vielleicht als alle anderen Stämme. Fahret fort, Euer Bett zu verseuchen, und eines Nachts werdet Ihr im eigenen Abfall ersticken. Aber in Eurem Untergang werdet Ihr hell strahlen, angefeuert von der Stärke des Gottes, der Euch in dieses Land brachte und Euch bestimmte, über dieses Land und den Roten Mann zu herrschen. Diese Bestimmung ist uns ein Rätsel.

Wenn die Büffel alle geschlachtet sind, die wilden Pferde gezähmt, die heimlichen Winkel des Waldes schwer vom Geruch vieler Menschen und der Anblick reifer Hügel geschändet von redenden Drähten – wo ist dann das Dickicht? – Fort!; Wo der Adler? – Fort! Und was bedeutet es, Lebewohl zu sagen dem schnellen Pony und der Jagd! Das Ende des Lebens ist der Beginn des Überlebens.

Gott gab Euch Herrschaft über die Tiere, die Wälder und den Roten Mann aus einem besonderen Grund – doch dieser Grund ist uns ein Rätsel. Vielleicht könnten wir es verstehen, wenn wir wüßten, wovon der Weiße Mann träumt, welche Hoffnungen er seinen Kindern an langen Winterabenden schildert, und welche Visionen er in ihre Vorstellungen brennt, sodaß sie sich nach einem Morgen sehnen.

Aber wir sind Wilde; die Träume des Weißen Mannes sind uns verborgen. Und weil sie uns verborgen sind, werden wir unsere eigenen Wege gehen. Denn vor allem schätzen wir das Recht eines jeden Menschen, so zu leben, wie er selber es wünscht, gleich, wie verschieden von seinen Brüdern er ist. – Da ist nicht viel, was uns verbindet. [...]

Zit. nach: „Man verkauft nicht die Erde auf der die Menschen wandeln“ Zeugnisse indianischen Daseins aus zwei Jahrhunderten. Hrsg. G. Mackenthun. Schwalbach, Taunus 1978. S. 14–18 (Auszüge).

7.2 Umerziehung

Käthe Recheis erzählt in ihrem Roman die Geschichte des Indianerjungens Nataiyu, der 1884 mit einer Gruppe von 20 anderen Indianerjungen die Blackfeet-Reservation in Montana verlassen muß. Hunderte Meilen von seinem Stamm entfernt, westlich der Rocky Mountains soll er in einer Schule, die Rebecca Thompson gegründet hat und leitet, auf das Leben in der Zivilisation vorbereitet werden. Caddy Colder ist Lehrerin an dieser Schule.

[...] Rebecca Thompson blickte auf die vor ihren Pulten sitzenden Blackfeetjungen. Es war ein feierlicher Augenblick für sie. Diese Jungen hier waren ihr anvertraut worden, unter ihrer Führung würden sie ein neues Leben beginnen. Sie würden die barbarischen Sitten vergessen, die Heimstätten, in denen sie nicht viel besser als Tiere gehaust hatten. Hinter ihnen lagen Unwissenheit, Dämonenglaube und das ganze Elend eines kulturell tiefstehenden Volkes ohne höhere Ideale; sie standen an der Schwelle eines zivilisierten Daseins. Was für ein Unterschied bestand jetzt schon zwischen den in Büffelhäuten gehüllten jungen Wilden von gestern und den sauber gewaschenen, ordentlich gekleideten Schülern von heute morgen! Nur noch das lange, auf den Rücken hinabfallende oder zu lächerlichen Zöpfen geflochtene Haar erinnerte an ihre Vergangenheit, aber dem würde mit der Schere bald abgeholfen sein.

[...] „Arbeit eines Bauern"
Während der Sommermonate war es in allen Indianerschulen üblich, die Schüler verläßlichen Farmersfamilien zu übergeben, bei denen sie wohnten und arbeiteten. In diesem ersten Jahr aber schien es Rebecca Thompson zu früh, ihre Jungen zwei Monate lang zu fremden Menschen zu schicken. Der Entschluß fiel ihr schwer. Solange die Blackfeet an ihrer nomadischen Lebensweise festhielten, keine Felder bestellten und keine Viehherden hielten, blieben sie Almosenempfänger des Staates. Wenn die Jungen die Schule verließen, sollten sie mit der Arbeit eines Bauern vertraut sein.

Schließlich wählte sie einen Mittelweg. Die Jungen blieben in der Schule, halfen aber ein paarmal in der Woche bei Erntearbeiten in der Siedlung. Nur Chatanna mußte niemals mitgehen. Rebecca Thompson achtete darauf, daß er sich nicht überanstrengte, sie kümmerte sich stets persönlich darum, daß er alle Medikamente nahm, die MacLeod brachte.

Für Nataiyu wurden die Stunden auf den Feldern zur Qual. Er war zum Jäger und Krieger erzogen worden und kam sich beim Harken und Rechen und Heuaufladen wie ein Sklave vor.

Einmal, als die Jungen mithelfen mußten, ein abgeerntetes Feld umzuackern, war selbst Ponoka entsetzt. Der Pflug fraß sich in die Erde, zog Furche um Furche; den Jungen war es, als hörten sie den Geist der Erde wehklagen.

Die Erde war die Große Mutter, sie brachte Gras und Bäume und Früchte hervor, damit Menschen und Tiere Nahrung fanden, die Wasichu aber verletzten sie, rissen sie auf und wußten nicht, daß sie heilig war.

Käthe Recheis, Der weite Weg des Nataiyu. Wien: Herder Verlag 1978, S. 38 und 89.

7.3 Blaßgesichter-Kleidung

Stattdessen mußten sie wieder ins Haus zurück, in einen Raum, in dem bündelweise Wasichu-Kleider lagen. Ein schmächtiger Junge erwartete sie dort. Er trug Hose und Jacke, und sein Haar war kurzgeschnitten. Auf den ersten Blick hielt Nataiyu den Jungen für einen Wasichu, er hatte aber die braune Haut und die hohen Backenknochen eines Pikuni. Etwas warnte Nataiyu, sagte ihm, daß es falsch gewesen war, der jungen Frau zu vertrauen, nur deshalb, weil sie lächelte und ihre Stimme freundlich klang. Er wich zur Tür zurück.

Sein Gefühl täuschte ihn nicht. Die Frau sagte, sie sollten nun auch Lendentücher und Mokassins ablegen, dafür würden sie Wasichu-Kleider erhalten. Sie maß die Jungen prüfend und verteilte die Bündel. Auch Nataiyu erhielt eines.

Gleich den anderen schaute er zu Ponoka hin. Ponoka schlich mit gesenktem Kopf in eine Ecke, zog die Wasichu-Hose an und hielt sie krampfhaft fest, damit sie nicht wieder hinunterrutschte.

„Du mußt die runden Scheibchen durch die Löcher stecken“, erklärte der fremde Junge. „Dann rutscht die Hose nicht.“

Nataiyu konnte es einfach nicht verstehen, warum er an diesem warmen Tag so viele verschiedene Kleidungsstücke tragen sollte: zwei Hosen übereinander, ein Hemd, eine Jacke ohne Ärmel, eine Jacke mit Ärmel, enge kratzende Fußkleider. Und wie hart und schwer der Stoff von Rock und Hosen waren!

Er mühte sich ab, die runden Scheibchen durch die Löcher zu stecken und erwischte immer wieder ein falsches. Die Jackenärmel schnitten ihm in die Achselhöhlen. Der Hemdkragen schnürte ihm den Hals zu.

Und doch war das alles noch nicht das Ärgste, es sollte noch schlimmer kommen. Die Frau und der fremde Pikuni-Junge verteilten Wasichu-Schuhe. Nataiyu hockte sich auf den Boden und tastete unglücklich das steife, harte Leder ab. Wie sollte er, der die leichten Mokassins gewöhnt war, die sich weich und geschmeidig dem Fuß anpaßten, in solch unförmigen Gebilden gehen können? Er versuchte, die dicke Sohle zu biegen und entlockte ihr dabei einen häßlichen, knarrenden Ton.

„In ein paar Tagen hast du gelernt, damit zu gehen", sagt jemand zu ihm.

Nataiyu schaute auf. Vor ihm stand der fremde Junge.

„Als sie mich herbrachten, wollte ich sterben", fuhr der Junge fort. „A-wah-heh – verlier den Mut nicht!"

Nataiyu zwängte die Füße in die Schuhe und nestelte ungeschickt an den Bändern herum. Die junge Frau kam herbei und nickte ihm aufmunternd zu. Sie bückte sich und hob die Mokassins auf. „Die sind aber schön bestickt!" sagte sie.

Er sprang auf und riß sie ihr aus den Händen. Die Mokassins hatte seine Mutter genäht, sie hatte mit bunten Glasperlen glückbringende Zeichen darauf gestickt. Auf den Fersen hockend, hatte er ihr zugesehen, bis die letzte Perle festsaß.

Er drückte die Mokassins an sich, bereit, ihren Besitz zu verteidigen. Die Frau versuchte aber nicht, sie ihm wegzunehmen, sondern trat zum nächsten Jungen. Nataiyu rollte die Mokassins in die Leggins, faltete die Büffelhaut darüber und machte ein ordentliches Bündel. Er hoffte, daß er die Blaßgesichter-Kleidung bald wieder ablegen durfte.

Zum zweitenmal mußten sie in den Hof hinausgehen. Nataiyu stolperte als letzter nach. Das steife Leder drückte und scheuerte, Zehen und Fersen schmerzten, die Sohlen polterten auf dem Boden. Er schämte sich. In solchem Schuhwerk würde er sich niemals lautlos bewegen können.

Käthe Recheis, Der weite Weg des Nataiyu. Wien: Herder Verlag 1978. S. 34/35.

8. Zur Geschichte der Indianer

8.1 Die Schwarzfußgruppe

Weit draußen, im nordwestlichsten Winkel der großen Ebene, unweit der Rocky Mountains in Montana und in den anstoßenden Teilen von Alberta (Kanada) lebten die mächtigen Stämme der Schwarzfußindianer: die Süd-Piégan, Nord-Piégan, Blood und Nördlichen Schwarzfüße. [. . .] Die erste Kunde von den Schwarzfüßen erhielt man um 1750, als weiße Pelzhändler mit ihnen in Berührung kamen. Schon damals waren sie gut mit Pferden ausgerüstet, und einer der ersten Weißen, der seine Nachrichten über sie aus erster Hand bezog, berichtet, daß der Häuptling des einen Stammes auf einem weißen Maultier ritt. Als man sie zuerst kennenlernte, hatten sie weder Gewehre noch andere europäische Waren, aber binnen zwanzig Jahren waren sie gut bewaffnet, hatten an Macht gewonnen, plünderten die Umgebung und terrorisierten alles an ihren Grenzen. Sie waren ein Steppenvolk, das in dem Gebiet östlich der Vorberge der Rocky Mountains lebte, einem Landstrich, der reich an Büffeln war und sich gut zur Pferdezucht eignete. [. . .] Wie die übrigen Büffeljäger wohnten sie in mit Häuten gedeckten Tipis (Tepees), kleideten sich in Büffel- und Hirschhäute, hatten viele Pferde und dachten nicht daran, Nutzpflanzen zu ziehen. [. . .] Die Schwarzfußstämme beherrschten ein weites Gebiet: nehmen wir eine Karte von Kanada und den Vereinigten Staaten zur Hand, so bilden die Rocky Mountains die westliche Grenze des Schwarzfußgebietes, von hier erstreckt sie sich ostwärts über Edmonton bis Battleford, von da genau südlich bis zum Missouri nach Montana und dann ostwärts über Great Falls in Montana zurück zu den Rocky Mountains südlich von Glacier Park. [. . .]

Um 1830 scheinen die Schwarzfüße den Höhepunkt ihrer Macht erreicht zu haben, und Reisende und Pelzhändler schätzten ihre Zahl auf zehn- bis achtzehntausend Seelen. Noch immer hielten sie ihre indianischen Feinde in Schach und verhinderten das Eindringen der weißen Fallensteller. Aber wenn auch die weißen Grenzen nicht auf sie drückten, sollten sie doch bald die Macht dieses neuen Feindes zu spüren bekommen. Im Jahre 1836 brachen die Blattern, die gefürchtete Krankheit der Weißen, über die Stämme an ihrer Ostgrenze herein, und nach den Berichten verloren manche Lager mehr als drei Viertel ihrer Angehörigen. Binnen weniger Monate hatten plündernde Stoßtrupps der Schwarzfüße die Seuche bei den Ihrigen eingeschleppt und mehr als die Hälfte ihrer Bevölkerung starb weg. [. . .]

Strenge Zucht und weise Führung waren charakteristische Eigenheiten der Schwarzfüße; geschwächt, wie sie nach den Verlusten durch die Blattern waren, sollten sie jedoch bald durch eine andere Waffe der Weißen den Todesstoß erhalten. Die kanadischen Handelsgesellschaften verboten den Verkauf von Alkohol an die Indianer, und das war eine weise Politik, aber dadurch wurde der Schwarzhandel aus den Vereinigten Staaten gefördert. Bald kamen die sogenannten Whiskyhändler zu den Schwarzfüßen und verleiteten sie dazu, den weißen Viehzüchtern Pferde und Rinder zu stehlen und sie ihnen gegen Schnaps zu verhandeln. Die Häuptlinge waren dagegen, da sie wußten, daß das schließlich zum Krieg führen mußte, aber die jungen Indianer wollten unbedingt Alkohol haben. Die Händler redeten ihnen zu, sich nicht um ihre Häuptlinge zu kümmern, und so brach die ganze Stammesführung zusammen.

(Die einzelnen Stämme der Schwarzfußindianer: Süd-Piégan, Nord-Piégan, Blood und Nördlichen Schwarzfußindianer leben heute in Reservaten in Montana und Alberta)

Clark Wissler, Das Leben und Sterben der Indianer. S. 130–135.

8.2 Daten zur Geschichte der Indianer in Nordamerika

20000 bis **10000** v. Chr. Einwanderung asiatischer Stämme aus Sibirien auf den nordamerikanischen Kontinent.

1492 n. Chr. Columbus entdeckt Amerika.

1506 Franzosen entdecken die Küsten des Nordostens von Nordamerika.

1521 Cortez erobert Mexiko für Spanien.

1620 Landung der Pilgerväter, Gründung der ersten Kolonie Massachusetts.

1622 Die Indianerstämme Virginias eröffnen den Kampf gegen die Engländer. Sie zerstören 73 von insgesamt 81 Ansiedlungen.

1637 Strafaktion der weißen Siedler gegen die Indianer an der Küste von Connecticut. Die Pequot-Indianer werden nahezu ausgerottet.

um 1680 Die Indianer des Westens übernehmen von den Spaniern den Gebrauch des Pferdes.

1763 Die unter dem Ottawa-Häuptling Pontiac verbündeten Stämme nehmen an Frankreichs Seite an dem Krieg gegen die Briten teil.
Die britische Regierung garantiert den Indianern alles Land westlich des Ohio (Umsiedlung!) „Solange das Gras wächst und das Wasser fließt". Aber auch von den folgenden 370 Verträgen mit den Indianern wird kein einziger eingehalten.

1776 Gründung der Vereinigten Staaten.

1790 Erklärung des amerikanischen Präsidenten George Washington: „Kein Staat und keine Person dürfen Land von den Indianern kaufen, ohne daß ein Vertrag darüber unter der Autorität der Vereinigten Staaten abgeschlossen wird. Und die Regierung wird niemals erlauben, daß die Indianer betrogen werden. Sie wird sie in allen ihren Rechten schützen."

1812 Aufstand des Shawnee-Häuptlings Tecumseh mit dem Ziel, die Ohio-Grenze wieder herzustellen. Tecumseh fällt.

1838 „Zug der Tränen" – die Vertreibung der Cherokee, Chocktaw, Chikasaw und der Creek, eines Teiles der Seminolen und anderer Stämme des nordamerikanischen Südostens in das Gebiet hinter dem Mississippi in Oklahoma.

1844 Der Kongreß beschließt die „unüberschreitbare" Grenze des indianischen Gebiets entlang dem Mississippi.

1851 Sieg unter der Führung des Häuptlings „Rote Wolke". Die Sioux, Cheyenne, Arapaho, Krähenindianer und weitere

Präriestämme schließen in Fort Laramie ein Übereinkunft mit Regierungsvertretern der USA, in der sie den Bau von Straßen und Eisenbahnlinien auf ihren Stammesgebieten erlauben.

1868 Öffnung des Indianerterritoriums in Oklahoma für weiße Siedler. Verteilung der Indianer auf verstreute Reservationen.

1869 1. Transkontinentale Eisenbahnlinie fertiggestellt.

1871 Beginn der Massenabschlachtung der Büffel durch weiße Jäger (1872/73 werden ca. 1,25 Millionen Büffelfelle per Bahn nach Osten transportiert!)

1874 Armee-Einheiten unter Führung des Generals Custer dringen auf der Goldsuche in die Schwarzen Berge/Black Hills im Gebiet der Sioux-Indianer vor.

1876 Der größte Sieg der Sioux unter Führung von „Sitting Bull" am Little Big Horn.

1890 Vernichtungsaktion gegen die Sioux bei Wounded Knee. Ermordung von Sitting Bull; sein Grab wird zum Symbol für das Ende der Freiheit der Prärieindianer.

1901 Durch Hunger und Epidemien ist die indianische Bevölkerung von inzwischen wieder 890000 auf 270000 abgesunken.

1924 Kongreß der USA „verordnet" den Ureinwohnern des Landes, den Indianern, die amerikanische Staatsbürgerschaft. Solange es jedoch immer noch eine spezielle Indianergesetzgebung gibt (z. B. „Indian Claims Act" von 1946) bedeutet dies jedoch keineswegs eine Gleichberechtigung. Die Indianer kämpfen weiterhin um Selbstbestimmung und Erhaltung eigner Traditionen.

1968 Gründung des American Indian Movement (AIM) in Minneapolis. Die Bewegung will die Benachteiligung der Indianer aufzeigen und Abhilfe leisten. AIM kämpft für die Auflösung des Büros für Indianische Angelegenheiten (seit 1824), das von der amerikanische Regierung eingesetzt wurde und nicht die Interessen der Indianer vertritt. AIM fordert Selbstbestimmung für alle Indianer.

1973 Etwa 200 Indianer (AIM) besetzen in Wounded Knee den Handelsposten, wo vor 83 Jahren wehrlose Sioux hingemetzelt wurden. Sie fordern von der Regierung die Erfüllung eines 20-Punkte-Programms. Die Besetzung dauert vom 27. Februar bis zum 8. Mai. Schließlich können die Forderungen doch nicht durchgesetzt werden. Die Indianer werden wieder einmal vertröstet.

9. Indianer heute

9.1 Die Reservate

„Unser Land bedeutet uns alles. Es ist der einzige Ort, wo sich alle Cheyenne der gleichen Dinge erinnern."
(Ein Cheyenne-Häuptling)

Seit ihrer Niederlage gibt es für die Indianer zwei Hauptprobleme: Wie sie sich ihren Lebensunterhalt verdienen können, und ob sie als Indianer oder Weiße leben wollen. Die Antworten auf beide Fragen werden vom Schicksal der letzten amerikanischen Gebiete bestimmt, die ihnen noch gehören: den Reservaten.

Zusammen mit den Büffelherden verloren die Indianer ihre gewohnte Lebensweise. Jetzt, einige Jahrhunderte später, sind viele von ihnen erfolgreiche Bauern, Kaufleute oder Arbeiter. Doch viele sind arbeitslos.

Warum aber sind sie arbeitslos?

Mit viel Mühe mußten die Indianer eine neue Landwirtschaft erlernen. Dabei hatten sie oft nicht genügend Geld für den Anfang. Viele zwang die Armut, ihr Land zu verkaufen oder zu verpachten.

In der Nähe der Reservate gibt es nicht genug Industrie, nicht genügend Arbeitsplätze. Diejenigen, die in die Stadt ziehen, um Arbeit zu suchen, werden wegen Mangel an Ausbildung oder aus Mißtrauen abgewiesen. Arbeitslose Indianer gehören zu den hoffnungslosesten Menschen der Elendsviertel.

Viele Indianer sind der Meinung, daß sie nicht weiterkommen, weil sie kein eigenes Leben führen dürfen. Stattdessen wird ihre Lebensweise von weißen Beamten bestimmt.

Land in Gefahr
Früher wurden die Reservate ständig verkleinert, auf legale und illegale Weise. Sogar heute noch kann es vorkommen, daß Indianerland zu kostbar erscheint, um

Indianern erhalten zu bleiben. So begehrt der Weiße neuerdings das nördliche Cheyenne-Reservat, um dort Kohlevorkommen auszubeuten. Das bedeutet: Die Erde wird aufgerissen und unfruchtbar gemacht. Der Stamm könnte viel Geld verdienen, wenn er dies gestatten würde. Aber kann man sein Land unter seinen Füßen verkaufen?

Wie die Indianer Nordamerika verloren. Die dunklen Gebiete sind noch von Indianern bewohnte Bezirke:

1

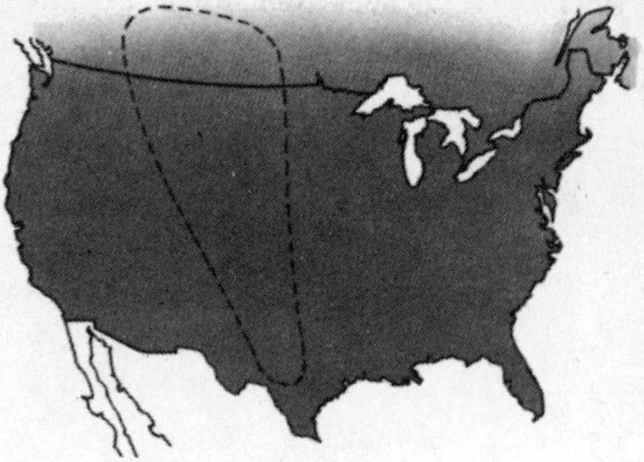

Vor der Ankunft der Weißen

2

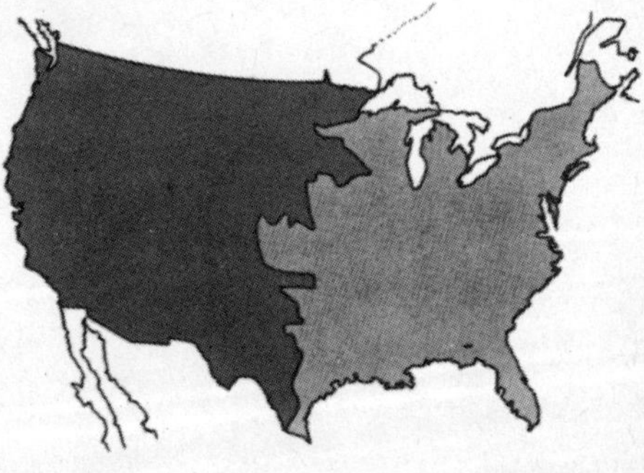

Land das 1850 noch in indianischem Besitz war

3

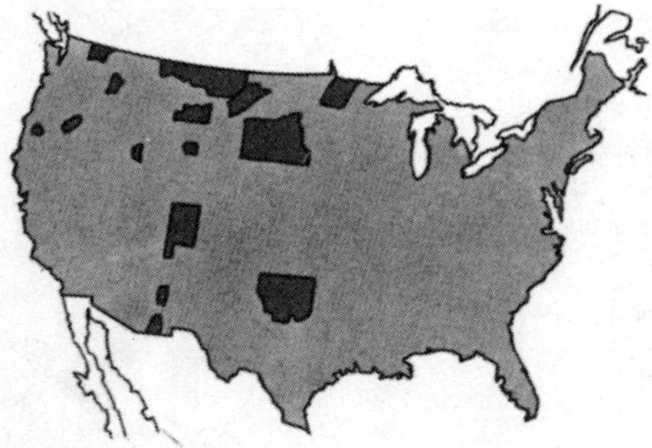

Indianerreservate 1875

4

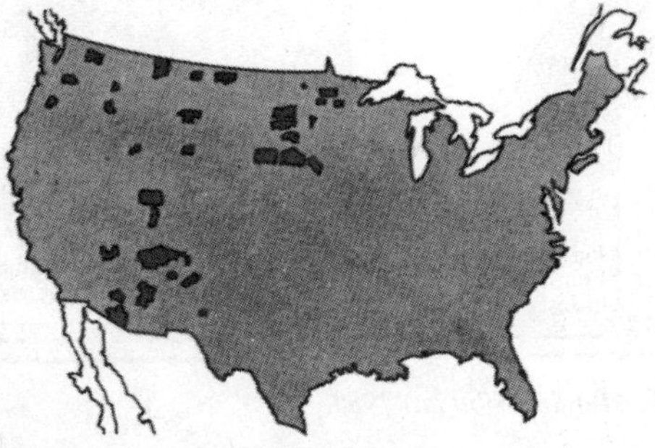

Die heutigen Reservate
Es existieren zahlreiche kanadische Reservate, doch sind sie zu klein, um auf der Landkarte wiedergegeben zu werden.

Virginia Luling, Indianer Nordamerikas. Esslingen: Verlag J. F. Schreiber (Verlagsgemeinschaft „Der blaue Punkt“) 1979, S. 40.

9.2 Hauptsiedlungsgebiete der Indianer in Nordamerika

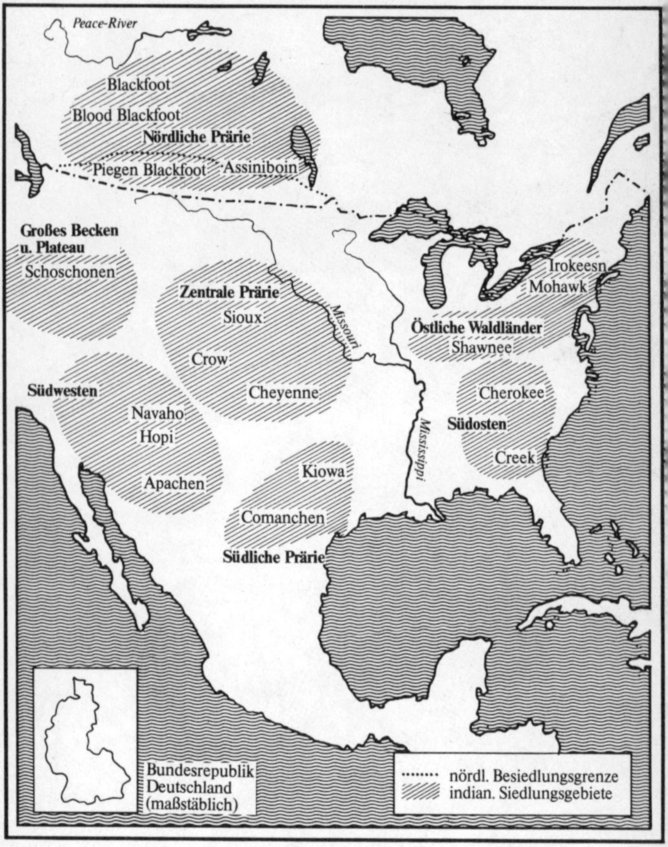

© H.-R. Mundel, Stuttgart 1980.

9.3 Indianerreservate in den USA (außer Alaska)

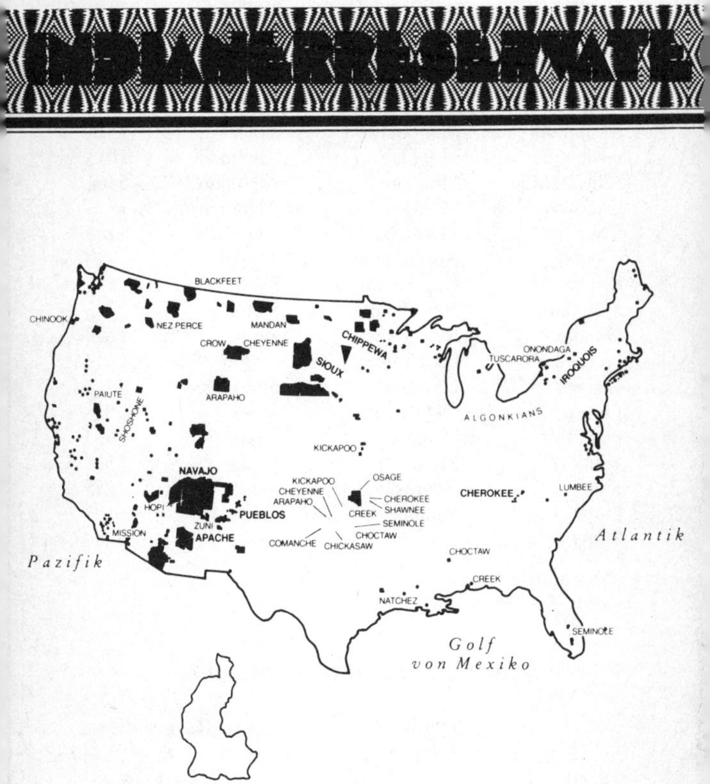

Bundesrepublik Deutschland
(z. Vgl. maßstäblich verkleinert)

Indianer in Amerika. Legende und Wirklichkeit. o.J. S. 19 (Foto: USICA).

9.4 Die Prärie-Indianer heute (1965)

Stamm	Siedlungsgebiet (USA-Staat)	Sprach-gruppe	Stammes-angehörige
Arapaho	Wyoming und Oklahoma	Algonkin	1346
Arikara	Norddakota	Caddo	3102
Assiniboin	Montana	Sioux	2510
Atsina	Montana	Algonkin	1013
Schwarzfüße	Montana	Algonkin	5164
Cheyenne	Montana	Algonkin	1713
Cree	Montana	Algonkin	252
Hidatsa	Norddakota	Sioux	749
Kiowa	Oklahoma	Kiowa	2692
Mandan	Norddakota	Sioux	387
Omaha	Nebraska	Sioux	1840
Pawnee	Oklahoma	Caddo	1149
Osage	Oklahoma	Sioux	4621
Ponca	Oklahoma	Sioux	926
Dakota	Minnesota	Sioux	993
Sioux	Montana	Sioux	1398
Sioux	Nebraska	Sioux	1255
Sioux	Süddakota	Sioux	27627
Sioux	Norddakota	Sioux	3200

Sting Miloslav, Der Freiheitskampf des Roten Mannes. Würzburg: Arena Taschenbuch 1976, S. 186.

9.5 Wie leben die Indianer in Nordamerika?

Das kleine Holzhaus auf irgendeiner Reservation, das repräsentativ für tausend andere ist, besteht aus einem 30–40 qm großen Zimmer und einem kleinen Nebenraum, dessen Fläche etwa ein Viertel des erstgenannten ausmacht. In der Mitte des Hauptraums steht ein Ofen, der sowohl als Heizung wie auch als Kochgelegenheit für die 14köpfige Familie dient, die in diesen beiden Räumen „wohnt".

Da sind einmal Vater und Mutter. Er ist Gelegenheitsarbeiter, d. h. ab und zu findet er während der Sommerzeit etwas Arbeit auf einer auf der Reservation gelegenen Farm eines Weißen. Sie hilft manchmal in der Küche einer Mission, fünf Kilometer von ihrem Haus entfernt. Sonst lebt die Familie von der Sozialfürsorge.

Zu diesem Indianerhaushalt gehören weiter: eine Großmutter, die sich im Haus nützlich macht. Sodann zwei Neffen des Vaters, deren betrunkene Eltern bei einem Verkehrsunfall ums Leben kamen. Der ältere der beiden Jungen ist gerade vom College geflogen. Er hat das erste Jahr nicht überstanden. Der jüngere Bruder geht auf die Schule der Mission. Außerdem ist eine Schwester der Familienmutter zu nennen, die von ihrem Mann getrennt lebt und die drei Kinder zwischen drei und sechs Jahren in unsere Familie mitgebracht hat. Schließlich gibt es noch fünf Kinder des Elternpaares, das jüngste zwei Jahre, das älteste zwölf. Aber zurück zur Wohnungseinrichtung.

In einer Ecke des Wohnzimmers stehen zwei aneinandergestellte Betten, die Schlafstelle für die fünf eigenen Kinder der Familie. Daneben eine Kommode undefinierbarer Farbe, an die sich ein weiteres Bett anschließt, in dem Vater und Mutter schlafen. Diesem Bett gegenüber die Schlafkoje der Großmutter. An einer freien Wand liegen hinter einem windschiefen Schrank zwei oder drei Matratzen mit ein paar Decken auf dem Boden, wahrscheinlich die Schlafstelle der Schwester und ihrer Kinder. Die beiden Jungen haben im Nebenraum Feldbetten stehen, die sie von der Mission bekamen. Sonstige Möbel, außer zwei oder drei Stühlen, jedoch ohne Tisch, sind nicht zu bemerken. Neben einem der Stühle steht ein Blecheimer mit einem Schöpflöffel und Trinkwasser aus einem Bach, der 500 m vom Haus entfernt fließt.

An den Wänden hängen Heiligenbildchen, alte Fotos, verschiedene Haushaltsgeräte und getrocknete Kräuter, die von der Indianer-Oma für Heilzwecke gesammelt und zu Sträußen zusammengebunden wurden. Eine Ecke ziert das Sternenbanner aus Papier, ausgeschnitten aus einer Illustrierten.

Neben diesem Bild eines Indianerheims gibt es selbstverständlich noch ein anderes: das des gutbürgerlichen Indianers mit erfolgreich abgeschlossener Hochschulbildung, der sich als Arzt in einer Großstadt des Westens oder als Rechtsanwalt in Washington, D.C., niedergelassen hat oder der eine Professur an einer bekannten Universität hat. Doch das sind Ausnahmen. Zwischen diesen beiden Gruppen gibt es so gut wie keine Mittelschicht. Die Regel ist der Vielpersonenhaushalt mit 1½ Räumen und einem arbeitslosen „Ernährer“. *Axel Schulze-Thulin*

Indianerzeitung. Sonderdruck aus dem Unterrichtsmodell Indianer des Evangelischen Missionswerkes. Hamburg 1968, S. 3/5 (Foto: Ilka Hartmann).

9.6 Lebensbedingungen der Indianer heute

Bedingungen, unter denen die Indianer heute leben müssen

- 793000 Indianer leben heute in den USA, davon etwa die Hälfte in den 267 Reservaten.
- Ihr durchschnittliches Jahreseinkommen beträgt 1500 Dollar, das liegt um mehr als 50% unter dem, was die US-Regierung als „nationale Armutsgrenze" festsetzt.
- 95% aller Reservatswohnungen sind Behelfsunterkünfte u. gleichen Elendsquartieren.
- Die Selbstmordquote ist 15mal höher als der US-Durchschnitt.
- 25% der männlichen Erwachsenen sind alkoholsüchtig.
- Die Kindersterblichkeit ist bei Indianern um 50% höher als in der restlichen USA.
- 60% aller Indianerkinder müssen Internatsschulen besuchen (bei den Navajos sind es 92 Prozent). Unterricht über indianische Kultur, Geschichte und Sprache war bis vor kurzem noch verboten. Kinder, die in der Schule indianisch sprachen, wurden bestraft.
- Nur 16% der Lehrer sind Indianer.
- Die Schulen liegen oft mehr als 1000 km von den Heimatorten entfernt.
- Dreimal so viele junge Indianer wie Weiße begehen vor ihrem 20. Lebensjahr Selbstmord.
- 75 bis 80% der Kinder flüchten mindestens einmal aus den unerträglichen Zuständen in den Schulen.
- In Süd-Dakote stellen die Indianer 34 Prozent der Gefängnisinsassen, obwohl sie nur 5% der Bevölkerung ausmachen.
- Auf 10000 Köpfe im Pine Ridge Reservat kommen 6150 Verhaftungen pro Jahr.

Indianer in Nordamerika. In: Kontrast. Informationen für Lehrer, Eltern und Erzieher 4/77. S. 32. Hrsg. Detlef E. Siebert, Kassel.

Weitere Lektüren für die Klassen 7–9 aus unserer Reihe „Lesehefte“
(Die Lehrerkommentare sind in Klettbuch-Nummer 261354 enthalten)

Bayer, Ingeborg: Yamba
Text und Materialien, bearbeitet von Hans Georg Müller
Klettbuch 26101

Der Roman handelt von der abenteuerlichen Reise des Sklavenschiffes „Mary Anne“ im Jahre 1793 von Liverpool an die afrikanische Küste, von dort – mit rund 500 Sklaven beladen – zur westindischen Insel Barbados und schließlich zurück zum englischen Heimathafen. Die bekannte Jugendbuchautorin läßt den 16jährigen Sohn des Kapitäns die Geschehnisse während der Reise erzählen.

Boileau-Narcejac: Kabine 11
Pentecost, Hugh: Das hat ein Cop zu wissen (Krimi)
Text und Materialien, bearbeitet von Harro Müller-Michaels
Klettbuch 26034

Byars, Betsy: Als die Schwäne kamen
Text und Materialien, bearbeitet von Kurt Franz
Klettbuch 26106

Im Mittelpunkt des ungekürzten Romans der amerikanischen Schriftstellerin stehen der geistig behinderte 10jährige Charlie und seine 14jährige Schwester Sara. Die Motivstränge sind überzeugend miteinander verknüpft.

Cotton, Jerry: Du lebst zu lange G-man!
Text und Materialien, bearbeitet von Klaus Göbel
Klettbuch 26059

Einen möglichen Unterrichtsverlauf dokumentieren die Heftmaterialien, die von Schülern selbst zusammengetragen wurden. Ihre Interviews – als Tonbandprotokoll aufgezeichnet – mit dem Leiter des Bastei Verlages und der Bundeszentrale für jugendgefährdende Schriften – vermitteln wichtige Informationen aus „erster Hand“!

Craig, Jonathan: Einmalige Gelegenheit
Chesterton, Gilbert K.: Die Sternschnuppen
Text und Materialien, bearbeitet von Wolfgang Schemme
Klettbuch 26038

Defoe, Daniel: Robinson Crusoe
Text und Materialien, bearbeitet von Rainer Siegle
Klettbuch 26065

Geschichten – nicht nur für Kinder
erzählt von **Siegfried Lenz, Wolfdietrich Schnurre** und **Kurt Kusenberg**
Text und Materialien, bearbeitet von Jürgen Wolff
Klettbuch 26104

Häuptling Büffelkind erzählt sein Leben (gekürzt)
Text und Materialien, bearbeitet von Rainer Siegle
Klettbuch 26066

Kerr, Judith:
Als Hitler das rosa Kaninchen stahl (gekürzt)
Text und Materialien, bearbeitet von Toni Blaeser
Klettbuch 26071

Eine jüdische Familie mit zwei kleinen Kindern auf der Flucht vor den Nazis 1933.

Kordon, Klaus: Tadaki (leicht gekürzt),
Mottha und Bawani
Text und Materialien, bearbeitet von Jutta Grützmacher
Klettbuch 26083

„Tadaki“ ist ein indonesischer Junge aus dem Elendsmilieu Djakartas, der sich mit Mutter und Geschwistern menschenunwürdig durchs Leben schlagen muß. Klaus Kordon kennt die Verhältnisse aus eigener Anschauung. Er verharmlost nicht die furchtbaren Zwänge der Armut, er macht betroffen, aber er läßt doch noch einen Rest Hoffnung. Die zweite Erzählung um die Geschwister „Mottha und Bawani“ vertieft das Thema: Der Zusammenhalt der Geschwister erscheint als einzige Überlebenschance.

Tetzner, Lisa: Der Fußball aus „Die Kinder aus Nr. 67“
Text und Materialien, bearbeitet von Jutta Grützmacher
Klettbuch 26082

„Der Fußball“ enthält den 2. Teil des 1. Bandes der insgesamt neunbändigen Reihe „Die Kinder aus Nummer 67“. Er spielt in einem Berliner Arbeiterbezirk zur Zeit der Weimarer Republik, wenige Jahre vor Beginn des Nazi-Regimes. Das soziale Klima ist durch die Weltwirtschaftskrise und verbreitete Arbeitslosigkeit geprägt. Daß die beiden 10jährigen Freunde Erwin und Paul trotz der hoffnungslosen Lage nicht resignieren, sondern unverdrossen die Verwirklichung ihrer bescheidenen Wünsche betreiben, bietet auch für heutige Jugendliche Identifikationsmöglichkeiten.

Zweig, Stefan/Scott, Robert/Weyrauch, Wolfgang:
Der Kampf um den Südpol
Text und Materialien, bearbeitet von Jürgen Wolff
Klettbuch 26084

Eine variabel zu handhabende Auswahl zu dem Themenkomplex „Eroberung des Südpols“ liegt hier vor. Die Hörspiel-Cassette von Wolfgang Weyrauch erhalten Sie unter Klettnummer 260841

Ernst Klett Verlag